Elke Schütz
Heimat in Holzkisten
Meine Kindheit in Rumänien

Bibliografische Information der Deutschen Nationalbibliothek:
Die Deutsche Nationalbibliothek verzeichnet diese Publikation in der Deutschen Nationalbibliografie; detaillierte bibliografische Daten sind im Internet über dnb.dnb.de abrufbar.

ISBN 978-3-937772-43-1

1. Auflage August 2023

Einbandgestaltung: peppermint werbung berlin GmbH
Herstellung: books on demand GmbH Norderstedt

www.biografieverlag.de

Elke Schütz

Heimat in Holzkisten

Meine Kindheit in Rumänien

Elke Schütz wird 1975 im rumänischen Arad, nahe der ungarischen Grenze geboren. Sie gehört zu den „Banater Schwaben", einer Volksgruppe, deren Vorfahren überwiegend aus Süddeutschland stammen und von der österreichischen Monarchie Ende des 17. Jahrhunderts in dieser Gegend angesiedelt worden waren. Nach der blutigen Revolution 1989, die sie hautnah miterlebt, verlässt ihre Familie Hals über Kopf Rumänien, um nach vielen Generationen in die „alte Heimat" zurückzukehren, ein Land, das die Vierzehnjährige noch nie betreten hat. Im Corona-Sommer an ihrer üblichen Reise in das Land ihrer Kindheit gehindert, begibt sich die Autorin auf eine gedankliche Reise - zurück nach Rumänien, zurück in die Vergangenheit.

Auch ein Mensch, der zwanzig Sprachen beherrscht, benutzt seine Muttersprache, wenn er sich in den Finger schneidet.

Jean-Paul Belmondo

Inhaltsverzeichnis

Woher kommst du nochmal?	9
Nichts geht ohne Geschichte	23
Wie klein kann eine ganze Welt sein?	31
Abschied...	64
...und ein Versuch von Ankommen	76
Bin ich schon da?	94
Epilog - Die beste aller Großmütter	117

Woher kommst du nochmal?

Ein kühler Wintertag, das neue Jahr 2022 ist gerade ein paar Tage alt und die weltweite Pandemie bestimmt weiterhin unseren Alltag. Mir hat sie einen dicken Strich durch die Rechnung gemacht, denn normalerweise fliege ich mindestens jedes zweite Jahr in meine Heimat. Ich brauche das. Das Heimweh ist sonst zu stark. Aber im Moment kann ich mir nicht vorstellen, ein Flugzeug zu besteigen und so kann ich die Reise in diesem Jahr nur in meinem Kopf unternehmen. Das fühlt sich aber auch wie ein Abenteuer an, wenn man den Reisebericht aufschreibt und zudem nicht nur im Raum, sondern auch in der Zeit zurückreist. Viele Menschen in meinem Umfeld verstehen nicht, was es mit einer solchen Reise auf sich hat. Ich habe einen deutschen Namen, einen deutschen Personalausweis, spreche von klein auf als Muttersprache Deutsch und wohne in der hessischen Landeshauptstadt Wiesbaden, also mitten drin in

Deutschland. Wo soll denn nun diese Heimat sein, in die man aufgrund der Entfernung besser fliegt als mit dem Auto fährt?

„Woher kommst du nochmal?", fragen mich Menschen manchmal. „Aus Rumänien", antworte ich dann. „Ach, das ist ja interessant. Wie kommt es dann, dass du so gut Deutsch sprichst?" – „Na ja … weil es meine Muttersprache ist." – „Ach so... ?" Von diesem Moment an sehe ich oft nur noch Fragezeichen im Gesicht meines Gegenübers. Nur wenige fragen weiter nach – entweder weil es sie nicht interessiert oder weil sie Angst davor haben, sich nicht politisch korrekt zu verhalten. Sie befürchten vielleicht, dass ich ihre Fragen als abwertend oder gar feindselig empfinden könnte. Mein unverwechselbar deutscher Name und meine nicht zu leugnende Neigung, das „R" stark zu rollen – was sich, warum auch immer in Momenten der Anspannung und Aufregung verstärkt – bringt die meisten Menschen nicht zwingend auf die Idee, ich könne aus Rumänien stammen. Öfter wird deswegen vermutet, ich stamme aus Franken oder Österreich. Mit neunzehn Jahren wurde ich an einer Bushaltestelle in Bremen von einem älteren Mann angesprochen, der mich tatsächlich fragte, ob ich Spanierin sei. Nun ja… nein, bin ich nicht. Spanierin zu sein, das klänge sicherlich mehr nach südländischen hübschen Frauen mit langen schwarzen Haaren, die in roten wallenden Röcken leidenschaftlich den Flamenco tanzen. Rumänin zu sein klingt eher nach Arbeit suchenden Frauen, die aus der Not heraus ihre Kinder von deren Großeltern aufziehen lassen, weil sie in einem immer noch armen und durch Korruption geschundenen Land keine sich lohnende Arbeit finden. Um ihre Kinder zu ernähren und ihnen würdige Lebensumstände bieten zu können, ihnen im besten Fall sogar ein einigermaßen komfortables und standfestes Haus vererben zu können, übergibt man sie den Großeltern und zieht in die Welt hinaus, um Geld zu verdienen, welches man dann mit einem guten Gefühl nach Hause schicken kann. Im schweren Gepäck tragen sie die Hoffnung mit sich, bald ausreichend Geld verdient zu haben, um sich dann aber endlich wieder selbst um ihre Kinder kümmern zu können. So vergehen wertvolle Kindheitsjahre mit eigentlich gut gemeinter Mutterliebe, die leider nur auf Distanz gelebt werden kann. Und was bedeutet eine unnahbare Mutter für ein Kind und ein unnahbares Kind für eine Mutter? Die gleiche Frage stellt sich natürlich auch für Kinder und jene Väter, die sich auf den Baustellen Europas die Rücken krumm schuften.

Die meisten wissen – wenn überhaupt – das von Rumänien, was in den Nachrichten berichtet oder in Dokumentationen, die auf den dritten Fernsehprogrammen ausgestrahlt werden, erklärt wird: irgendwas mit Karpaten, in denen noch alte Wölfe heulen, arme Kinder, die Klebstoff aus verknitterten Plastiktüten schnüffeln,

und last but not least: „Da gab es doch mal so einen schlimmen Diktator, oder?" Es ist nicht so, dass ich jemandem diese Annahmen und Vorstellungen verübele oder sie nicht stimmen. Es ist halt nur nicht alles.
Es muss sonderbar klingen, aber meine Muttersprache ist Deutsch und obwohl ich eine Schule in Rumänien besuchte, wurde uns deutschstämmigen Kindern die rumänische Sprache als Fremdsprache unterrichtet. Ich weiß, wer soll das bloß verstehen? Es gab deutsche und rumänische Klassen, die in einem Schulgebäude unterrichtet wurden und einen gemeinsam bespielten Pausenhof. Ich musste Gedichte von Goethe und Schiller auswendig lernen, Teile des „Erlkönigs" kann ich, als ehemalige brave Schülerin, heute noch aufsagen. Die Naturwissenschaften wurden in deutscher Sprache unterrichtet, nur Rumänisch wurde eben in rumänischer Sprache unterrichtet. Es gab in einem anderen Gebäude des Dorfes sogar eine deutsche und mehrere rumänische Kindergartengruppen mit jeweils deutsch- bzw. rumänischstämmigen Erzieherinnen. Ja, das klingt bestimmt ungewöhnlich, für uns als Kinder war das aber selbstverständlich.

Mit meiner Familie habe ich eine Art deutsches Dialekt-Potpourri gesprochen, mit meinen Erzieherinnen (Erzieher gab es dort während meiner Kindergartenjahre leider nicht), Lehrer:innen und dem Pfarrer (Pfarrerinnen gab es natürlich auch nicht) hochdeutsch. „Apfel“ heißt bei uns nicht weiter bemerkenswert „Appl“ und „Suppe“ heißt „Supp.“ „Nicht“ heißt „net“. Und so könnte ich unzählige weitere Seiten füllen. So wie in allen anderen Dialekten gibt es sicher auch bei uns Begriffe, die manche Außenstehende nicht ohne Unterstützung verstehen, aus der Geschichte heraus aber erklärbar sind. Einige Wörter aus unserem Dialekt, wie zum Beispiel „Staubzucker“, was „Puderzucker“ bedeutet, oder „Karfiol“, ein anderer Ausdruck für Blumenkohl, sind beispielsweise in Österreich anzutreffen. Und das nicht ohne Grund.

Vor mehr als zweihundert Jahren haben sich eine Menge deutschsprachiger Menschen aus den verschiedensten Gebieten der damaligen österreichisch-ungarischen Monarchie und den angrenzenden deutschen Regionen in dem Gebiet namens Banat angesiedelt und haben ihre mitgebrachten Dialekte zu einem gemeinsamen Dialekt verschmolzen. Wegen des urmenschlichen Bedürfnisses nach Identifikation mit einer Gemeinschaft einerseits und der oft damit einhergehenden Abgrenzung zur nachbarschaftlichen Gemeinschaft andererseits, hörte er sich von Dorf zu Dorf leicht unterschiedlich an. Während wir in unserem Dorf zu „Nein“ „Ne“ sagten, hieß es in unserem Nachbardorf „No“ und in einem anderen „Na“. Die Ahnen meines Großvaters väterlicherseits stammen aus dem Schwarzwald, die meiner Großmutter väterlicherseits aus Elsass-Lothringen.

Meine Großmutter suchte in ihrem großen alten Radio häufig verzweifelt nach deutscher Volksmusik, während sie an den schon abgenutzten kleinen und großen perlmuttfarbenen Rädchen drehte, und erfüllte unser Haus mit rhythmischen blasmusikalischen Klängen. Meine Eltern hörten Heino und Roy Black und steckten dafür alte Kassetten in einen genauso alten Kassettenrecorder, der mehr oder minder klare Töne von sich gab. Einen hochwertigeren hatten wir eben nicht.

Da, wo ich herkomme, gab es eine deutsche Zeitung, die regelmäßig zu uns ins Haus geflattert kam – sie hieß „Neuer Weg" und war voller kommunistischer und häufig leicht erkennbarer, verlogener Propaganda, kaschiert mit ein paar eh schon bekannten und somit obsoleten Haushaltstipps. Von der gleichen Redaktion wurde jährlich ein „Neuer Weg-Kalender" in einer taschenbuch-ähnlichen Form herausgegeben. Die schon vergilbte Ausgabe aus dem Jahr 1986 liegt jetzt noch in meinem Bücher-Regal und sorgt für das Aufkommen von sozialistisch eingefärbten Erinnerungen. Nachdem man auf der zweiten Seite, gleich nach dem Inhaltsverzeichnis, vor dem Foto des damaligen Regierungsoberhauptes Nicolae Ceaușescu jedes Mal von Neuem zusammenzuckt – sein Kopf bedeckt die ganze Buchseite – erwarten einen Vorschläge zur bestmöglichen Lagerung von Äpfeln, kleine Kreuzworträtsel und Schnittmuster für Kleider. Alles im Kalender ist an die damalige Diktatur und die sozialistische Variante der

„Meinungsfreiheit" angepasst und inhaltlich entsprechend durch die staatliche Zensur gefiltert.

Ja, meine Kindheit fand in einem ziemlich stark deutsch geprägten Umfeld statt, auch wenn die Region, in der wir wohnten, zum Staat Rumänien gehörte. Ich habe volles Verständnis für die Fragezeichen im Gesicht meines irritierten Gegenübers, aber es ist nun mal so. Die Intellektuellen und Freigeister der damaligen Zeit wurden vom unsäglichen Geheimdienst „securitate" bespitzelt und waren entweder zum Schweigen oder zur Haftstrafe verurteilt. Manche entschieden sich für die erste, die anderen für die zweite Variante. Manche entschieden sich aber auch für einen Fluchtversuch und liefen nachts über dunkle Felder, schwammen durch bedrohliche Flüsse oder krochen durch stinkende Tunnel. Manchen gelang die Flucht, manche landeten im Gefängnis und manche bezahlten die Suche nach Freiheit im Denken und Handeln mit ihrem Leben.
Das alles führte unter anderem dazu, dass wir den verbotenen Radiosender „Freies Europa" heimlich hörten. Wir schlossen dabei die Türen und drehten die Stimmen der Sprecher:innen so leise, dass sie außerhalb des Zimmers sicher nicht mehr zu hören waren. Man konnte nie wissen, wer draußen vorbeiging, und das Misstrauen und die Angst davor, verraten zu werden, spannten ihre unsichtbaren, aber düsteren Fäden auch durch unser Haus.

Das Ganze hielt sich so lange, bis dem rumänischen Volk samt seiner deutschen und ungarischen Minderheiten im Winter 1989 endgültig der Kragen platzte und das Blut vieler Menschen für die Freiheit und Würde ihrer Kinder und Mitmenschen die Blumenbeete ihrer Städte tränkte. So endete ein menschenverachtendes Regime, das seit dem Jahr 1965 sein Volk immer wieder hungern und frieren ließ, aber selbst in vergoldeten Palästen seiner unsäglichen Dummheit und seinem beschämenden Größenwahn frönte.

Wir können unsere Herkunft mögen, glorifizieren oder sie zum Teufel wünschen – es gibt sie nun mal und wir können sie nicht ändern. Wir können sie Heimat, Wurzeln, Herkunft oder zu Hause nennen – es ist und bleibt ein Dorf, eine Stadt, eine Landschaft, die sich mit ihren Eigenarten wie eine nicht entfernbare Tätowierung in unsere Seele gebrannt hat. Manche von uns prägen die unumstößlich hohen Berge, manche die eher moderaten und nicht sehr leidenschaftlichen Hügel und bei manchen ist es das flache Land, das gemeinsam mit seinen Bewohnern vielleicht, weil leicht zugänglich, eine gewisse Unkompliziertheit ausstrahlt. Bei mir war es eine sehr ländliche Gegend, deren Dörfer durch viele Wiesen und Felder voneinander getrennt wurden, eingebettet in eine sanft hügelige Landschaft, die beim Betrachten in mir eine gewisse Sehnsucht nach der großen weiten Welt weckte und Fragen nach „Hinter-den-

Hügeln“ aufwarf. Wie diese besondere Landschaft auch immer aussehen mag, sie hängt an unserem Inneren wie eine Klette mit vielen hartnäckigen Widerhaken und irgendwie hängen wir auch an ihr – mal nostalgisch die guten alten Zeiten herbei fühlen wollend – oder das, was unsere oft verklärte Erinnerung daraus gemacht hat – und mal unversöhnlich hart die schlechten alten Zeiten vorwurfsvoll beklagend. Wir brauchen sie und sie braucht uns, damit jemand eine Beziehung zu ihr aufbaut, sie beschreibt und ihr einen Namen gibt, in der Hoffnung in den Geschichtsbüchern dieser Welt einen angemessenen und vielleicht auch ehrenvollen Platz zugewiesen zu bekommen.

Das politische System, in dem wir leben, prägt unsere Gesellschaft, unsere Familie und prägt in der Folge auch uns als Individuen. Werden in einer autoritären Diktatur eher Unterwerfung und duckmäuserisches Verhalten belohnt und das Gegenteil bestraft oder in einem demokratischen politischen System das kreative und freiheitliche Denken systematisch und strukturell gefördert?

In welches Land sind wir hineingeboren und wie sieht es dort mit dem Thema Wohlstand aus? Sind wir weich gebettet und von vollen Kühlschränken umgeben oder haben unsere Eltern elende Mühe damit, unseren Hunger zu stillen? Auch wenn der Gedanke nahe liegt, nein, ich habe nicht gehungert und nicht gefroren. Das lag daran, dass wir auf dem Land lebten und hauptsächlich Selbstversorger waren. Wir hatten einen großen Gemüsegarten und eigene Obstbäume. Unsere Eier, unser Fleisch und unsere Wurst kamen von unseren eigenen Hühnern und unserem Schwein. Wir kauften Mehl, Öl, Essig, Zucker, Reis und Nudeln in den Geschäften, sofern es diese Lebensmittel dort gerade gab. Die feinen Suppennudeln für die sonntägliche Suppe haben wir natürlich selbst geknetet, gewalzt und geschnitten. Manchmal wunderten wir uns über die fragwürdigen Teilchen, die im gekauften Öl ihr Unwesen trieben, und schütteten das Öl erst durch ein Sieb, bevor wir beruhigt damit kochten. Unsere Lebensmittelmarken lösten wir in unserem kleinen Dorfladen ein und in der Stadt kauften wir manchmal Wiener Würstchen, die wir ausnahmsweise nicht selbst herstellten. Geheizt haben wir in einem Zimmer mit Holz und im anderen mit Kohle. Unzählige Menschen, die in der Stadt lebten, haben aber sehr wohl gehungert und gefroren. Tagelang und manchmal auch nächtelang standen sie mit Schals, Mützen und ihren dicksten auffindbaren Mänteln bekleidet in langen Schlangen, weil jemand gehört hatte, dass jemand gesagt habe, es sei Fleisch geliefert worden. Nicht selten entstanden aus dieser überfordernden und menschenverachtenden Situation heraus Schlägereien, wenn das Fleisch einem vor der Nase weggekauft wurde und man wusste, dass es die Suppe dann doch wieder nur in der ärmeren vegetarischen Version geben würde. Vegetarisches Essen wurde dort und zu diesen Zeiten noch als „ärmere“ Version betrachtet. Manchmal entpuppte sich das angebliche Fleisch auch als Knochen, an denen nur noch fragwürdige Fleischfetzen hingen. Die Zentralheizung in der Stadt wurde manchmal einfach abgestellt, während verzweifelte Menschen in Decken gehüllt in ihren hohen, grauen Wohnblocks sehnsüchtig auf die verheißungsvollen Sonnenstrahlen des Frühling warteten, die Linderung versprachen.

Abends wurde manchmal der Strom abgeschaltet, was für mich hauptsächlich im Winter relevant war. Ich brütete über meinen Hausaufgaben und plötzlich verschwanden die Buchstaben und Zahlen im kommunistischen Dunkel. Darauf folgte das Gezeter meiner Eltern und Großeltern über den Staat und seinen korrupten Diktator und ganz bald machte ich meine Hausaufgaben neben einer alten stinkenden Öllampe weiter. Geschadet hat mir das nicht wirklich – es sei denn, die eingeatmeten giftigen Dämpfe unserer alten Öllampe, die mit Petroleum gefüllt war, entpuppen sich im Laufe meines Lebens noch als langfristig gesundheitsschädlich. Dass ich jetzt mit sechsundvierzig Jahren eine Brille tragen muss, hängt vermutlich nicht damit zusammen, dass ich mir in Kindertagen die Augen überanstrengt habe – für meine sich unaufhörlich sorgende Oma war es damals kaum erträglich: „Dass das arme Kind sich sooo die Augen anstrengen muss! Diese Banditen!" Hätten wir damals eine Solaranlage gehabt, hätten wir sicher auch unseren Strom noch selbst erzeugt.

Mit welchen religiösen Vorstellungen und Erklärungen werden wir groß? Wird uns die Vorstellung eines strafenden und einengenden Gottesbildes zusammen mit unserer „unausweichlichen Schuld" im Sinne der Erbsünde schon erbarmungslos in unseren Baby-Brei eingerührt? Oder sind es eher freundliche Gottesbilder, die uns für unsere oft widersprüchlichen menschlichen Bedürfnisse und Attitüden nicht auch noch verurteilen, sondern uns gerade wegen unserer ganzen Eigenarten bedingungslos annehmen?
In einem kleinen katholischen Dorf, in dem Abweichen von den schon lange gelegten männlichen und weiblichen Rollen-Gleisen in der Gemeinschaft für erstaunte bis strafende Blicke sorgte, ruft dieser Aspekt meiner Biographie eher unangenehme Erinnerungen und einengende Gefühle hervor. Die Stimmung und das Lebensgefühl, in das ich hineingeboren wurde, erinnern mich manchmal an den für mich sehr beklemmenden Film „Das weiße Band".

Dann gibt es da noch die persönlichen Stärken und Schwächen unserer Eltern, die durch ihre Erziehung die Art und Weise beeinflussen, wie wir uns und die Welt verstehen. Halten unsere Eltern unseren Widerspruch aus oder tun sie alles, um aus uns angepasste Mitläufer zu machen, indem sie uns für unseren „Eigen-Sinn" in irgendeiner Form bestrafen? Eine allzu autoritäre Erziehung macht Menschen oft zu grauen Mitläufern, die sich nicht trauen, durch eigene Gedanken aus der Masse herauszustechen bzw. schon längst vergessen haben, dass sie das überhaupt könnten. Ich weiß, dass es die Aufgabe der Eltern ist, ihre Kinder für die Gesellschaft, in der sie leben, vorzubereiten und lebensfähig zu machen. Das bedeutet, sie mit den Normen und Regeln eben dieser Gemeinschaft vertraut zu machen und ihnen die nötigen Spielregeln zu erklären. Ich weiß auch, dass Erziehung immer irgendwie „gut gemeint" ist. „Es war früher eben so. Mir hat es auch nicht geschadet", stimmt trotzdem leider nicht ganz. Denn trotz aller Spielregeln gibt es immer auch Schlupflöcher, die es lohnt ausfindig zu machen und im Sinne der eigenen Entwicklung zu nutzen. Und auch für diese Schlupflöcher trägt man als Elternteil Verantwortung.

Irgendwann sind wir alt genug, um gelernte Dinge zu hinterfragen und gelernte Annahmen über das Leben entweder beizubehalten, wenn wir sie für unser Leben als nützlich einschätzen oder uns auf die Suche nach neuen Lebensideen zu machen, in der Hoffnung, sie mögen uns Glück bescheren und uns bei den Herausforderungen im Leben eine verlässliche Stütze sein. All das beeinflusst die Farbgebung unserer individuellen

Geschichte und all das bildet die Geschichte unserer Herkunft und unseres Lebensweges insgesamt.

Wie sehr kann man sich an seiner Herkunft wie an einem letzten Strohhalm festhalten, ohne dass es pathetisch wird und wie sehr kann man sie ablehnen, ohne sich selbst dabei zu verlieren? Ohne meine Herkunft hätte meine Gegenwart keine Konturen und diese Vorstellung ist weder möglich noch erträglich. In dem Film „Sommerfest" von Sönke Wortmann sagt der Hauptdarsteller, der in seine Heimatstadt zurückkehrt, weil sein Vater stirbt, im Laufe der Geschichte sinngemäß: „Woanders weiß man selbst, wer man ist – hier wissen es die anderen. Das ist Heimat." Nichts drückt die Einflüsse meiner Wurzeln so gut und humorvoll leicht aus, wie dieser Satz. Er trifft den Nagel auf den Kopf. Wohl dem, der diesen Zusammenhängen schon so weit entwachsen ist, dass er befreit darüber lachen kann.

Nichts geht ohne Geschichte

Geboren bin ich an einem spätsommerlichen Tag im Jahr 1975 im Krankenhaus der rumänischen Kreisstadt Arad, nahe der Grenze zu Ungarn. In unserem fünfzehn Kilometer weit entfernten Dorf gab es zwar eine Hebamme, aber Hausgeburten waren zumindest zu meiner Zeit eher unüblich. Ich bin in einem kleinen Dorf namens Traunau aufgewachsen und habe bis zu meinem vierzehnten Lebensjahr, ganz genau bis zum Vormittag des 20.05.1990, dort gelebt. Es ist schon eine Ironie des Schicksals, dass ich genau an diesem Tag, an dem nach der gelungenen Revolution im Dezember 1989 die ersten demokratischen Wahlen stattfanden, ausgereist bin. Insgesamt habe ich also vierzehn Jahre, acht Monate und elf Tage in meinem Dorf gespielt, gelernt, geliebt, gefürchtet und gehofft.

Das Gebiet namens Banat, in dem mein Heimatdorf liegt, gehörte lange zur Monarchie Österreich-Ungarn und wurde seit Ende des 17. Jahrhunderts hauptsächlich mit Deutschen katholischer Konfession besiedelt. Einige evangelische Ausreisewillige wurden gezwungen, zum Katholizismus überzutreten – später wurde die konfessionelle Beschränkung aufgegeben. Es waren meist Menschen aus ärmeren Verhältnissen, die mit Steuererleichterungen und der Aussicht auf Grundbesitz gelockt wurden. Als Gegenleistung wurde die Bereitschaft eingefordert, im Notfall gegen die Osmanen zu kämpfen. Die Reise begann oft in Ulm auf der Donau. Auf selbstgezimmerten Holzbooten, auch „Ulmer Schachteln“ genannt, verstauten die Menschen ihr weniges Hab und Gut und machten sich auf den Weg ins Ungewisse. Den Nachbau einer „Ulmer Schachtel“ und viele andere Dinge aus jener Zeit kann man heute im Donauschwäbischen Zentralmuseum in Ulm bewundern.

Was die Menschen im Banat nach der langen und beschwerlichen Reise vorfanden, war unbewohntes Sumpfgebiet. Durch unbarmherzige harte Arbeit haben sie die Sümpfe trockengelegt, so dass das Land bewirtschaftet werden konnte, und Lehmhütten gebaut, um für sich und ihre Nachfahren Lebensraum zu schaffen. Brandschatzung durch das türkische Heer und die Pest kosteten jedoch tausende Menschen das Leben, und so wurden im Laufe der Jahrzehnte immer wieder neue tatkräftige Siedler nachgeschickt. Insgesamt wurden mehr als hundert Dörfer gegründet. Traunau gibt es seit dem Jahr 1785. Die Struktur der Banater Dörfer ist pragmatisch. Meist gibt es mehrere Parallelstraßen, die sich, wie bei einem Schachbrett, gegenseitig durchkreuzen. Wir wohnten an der Hauptstraße des Dorfes und die Hausnummer „312“ schmückte den Giebel unseres Hauses.

Wer hat damals wohl geahnt, dass die Nachkommen genau dieser Auswanderer ein Vierteljahrtausend später wieder alles stehen und liegen lassen würden, um mit vielen Hoffnungen und jeder Menge Tatendrang im Gepäck zurück nach Deutschland auszuwandern? Von manchen wurde Deutschland immer noch „die alte Heimat“ genannt.

Nach dem Ende des Ersten Weltkrieges wurde 1920 im Vertrag von Trianon beschlossen, das Banat zwischen Rumänien, Serbien und Ungarn aufzuteilen. Fast 19.000 Quadratkilometer fielen dabei an Rumänien.

Im Zweiten Weltkrieg kämpften viele Banater Schwaben als Staatsangehörige Rumäniens erst in der rumänischen Armee an der Seite der sogenannten Achsenmächte Deutschland und Italien. Ein deutsch-rumänischer Vertrag aus dem Jahr 1943 erlaubte, dass Banater Schwaben direkt in der deutschen Armee und auch in der Waffen-SS kämpften. Einige meldeten sich freiwillig, manche wurden dazu gezwungen. Da Rumänien im Jahr 1944 die Seiten wechselte und sich den Alliierten anschloss, wurden die Banater Schwaben über Nacht aus rumänischer Sicht zu Feinden. Aus Angst vor der vorrückenden sowjetischen Roten Armee Richtung Westen flüchteten viele Banater Schwaben in Richtung Deutschland. Von denen, die nicht geflüchtet waren, wurden im Jahr 1945, kurz vor Kriegsende, mehrere Tausend in die damalige Sowjetunion verschleppt und zur Zwangsarbeit verdammt. Die Übriggebliebenen Deutschen im Banat wurden enteignet und verloren alle staatsbürgerlichen Rechte.

Die Erfahrung, enteignet zu werden, hat eine ganze Generation traumatisiert. Den Menschen wurden die durch harte Arbeit zusammengesparten und selbst gebauten Häuser einschließlich der Nutztiere, wie Pferde und Milchkühe, einfach weggenommen. Und als wäre das nicht sowieso schon demütigend genug gewesen, quartierte der rumänische Staat Rumänen aus anderen Regionen des Landes in ihre Häuser ein.

Meine Großmutter berichtete jedes Mal mit Zorn und nie verarbeiteter Trauer von diesen Erfahrungen. Diese Ereignisse haben in ihrer Generation zu einem feindseligen und misstrauischen Zusammenleben zwischen Banater Schwaben und Rumänen geführt, deren Feindseligkeit sich zum Glück im Laufe der nächsten und übernächsten Generation deutlich verwässert hat. Ich vermute, dass der ausbeuterische Staat als gemeinsamer Feind auch zu einem Gefühl von Verbundenheit beigetragen hat.

Anfangs war auch nur schwer eine Verständigung möglich, da die Generation meiner Oma der rumänischen Sprache kaum mächtig war. Nach und nach lernte meine Oma die fremde Sprache, sprach sie aber bis zum Lebensende nicht flüssig und mit einem Einschlag, über den ich mich als Kind oft hinter ihrem Rücken lustig machte. Die Generation meiner Eltern und die darauffolgende, also meine, sprachen schon selbstverständlich Rumänisch. Ich wuchs mit rumänischen und deutschen Freunden zweisprachig auf und habe beide Sprachen wie Muttersprachen automatisch gelernt.
Was ebenso nicht ausblieb, war die Gründung von sogenannten „Mischehen“. Diese waren sehr verpönt unter den Deutschen, und wurden eher als Verrat und gleichzeitig sozialer Abstieg gewertet. So auch in meiner Familie, in der mein Großvater mütterlicherseits halb rumänischer und halb russischer Abstammung war. Mein Urgroßvater hatte nach dem Ersten Weltkrieg in Russland eine Frau kennen und lieben gelernt und war mit ihr nach Rumänien gezogen. Meine Uroma hatte schon zwei fast erwachsene Töchter, die in Russland blieben, und bekam nochmal sechs Kinder mit meinem Urgroßvater. Einer davon war mein Großvater.
In den 60er Jahren wurden die Enteignungen rückgängig gemacht, was dazu führte, dass das deutsche kulturelle Leben wieder aufblühte. Dennoch blieb die Umsiedlung nach Deutschland das oberste Ziel der Banat-

er Schwaben. Der Staat unter der Regierung von Ceauşescu kassierte jedoch für jeden Deutschen, der auswandern durfte, ein Kopfgeld von der Bundesrepublik Deutschland. Gleichzeitig mussten Deutsche, die auswandern wollten, sich die entsprechende Erlaubnis durch Schmiergelder bei den Behörden erkaufen. Um auf gesetzlichem Wege auswandern zu können, musste man nämlich einen Ausreiseantrag stellen. So ein Ausreiseverfahren zog sich jedoch über Jahre und manchmal über Jahrzehnte hin, es war eher ein Mittel, die Menschen zu beruhigen und hinzuhalten und ihnen Bestechungsgelder abzuknöpfen. Während ein Antrag lief, wurden die Ausreisewilligen regelmäßig zur Miliz bestellt und meist ohne wirkliche Weiterentwicklung in der Angelegenheit wieder nach Hause geschickt. Diese Termine waren oft reine Schikane, was die Wut auf das politische System und die Motivation zum Auswandern nur verstärkt hat.
Um der Diktatur unter Ceauşescu zu entkommen und ein Leben in Wohlstand und Sicherheit führen zu können, haben die Menschen daher viele Risiken auf sich genommen. Ungefähr zweihunderttausend haben versucht, trotz bekanntem Schießbefehl der rumänischen Grenzsoldaten über die Grenze zu flüchten. Einige sind im Gefängnis gelandet, viele sind erschossen worden. 1986 fanden an der rumänischen Westgrenze 2800 Fluchtversuche statt. 1800 davon gelangen. Aus Angst, verraten zu werden, wurden die geplanten Fluchtver-

suche natürlich geheim gehalten, und so waren manchmal plötzlich Einzelne oder gesamte Familien aus dem Dorf einfach verschwunden. Nach der Rumänischen Revolution 1989 verließ der Großteil der restlichen Banater Schwaben das Land. Von den ehemals ca. 750.000 Deutschen leben heute nur noch etwa fünf Prozent in Rumänien.

Mir geht es auch darum, dieser besonderen und über viele Generationen andauernden und ausdauernden Tatkraft und dem unbedingten Überlebenswillen dieser Bevölkerungsgruppe Respekt zu zollen. Sie haben irgendwann das Gewohnte aufgegeben und sich auf einfachen Holzbooten auf die gefährliche Reise auf dem Wasser gemacht. Sie haben Niemandsland vorgefunden, die Hoffnung nicht aufgegeben und für sich und ihre Liebsten eine Existenz aufgebaut. Sie haben sich durch Krieg und Krankheiten gekämpft, wurden gefangen genommen, verschleppt, enteignet und dadurch gedemütigt. Und irgendwann haben sie in der Hoffnung auf ein besseres Leben für sich und ihre Kinder erneut alles Gewohnte hinter sich gelassen und sich wieder auf den Weg in eine nicht ganz so unvorhersehbare, aber trotzdem ungewisse Reise „zurück" nach Deutschland gemacht. Einige wenige sind jedoch auch in die USA oder nach Kanada ausgewandert.

Es kommt mir so vor, als wären sie ein ruheloses und von Ehrgeiz getriebenes Volk, das immer nach dem „besseren Leben" Ausschau hält und stets dazu bereit ist, die Koffer zu packen und sich gleichzeitig nichts mehr herbeisehnt, als endlich anzukommen. Ein eigenes Haus zu bauen bzw. Eigentum zu erwerben, steht oft als wichtigstes Lebensziel im Zentrum aller Bemühungen. Die Enttäuschung ist bei Großeltern und Eltern groß, wenn die neueste Generation der in Deutschland lebenden Banater Schwaben nicht die gleichen Werte teilt und das verdiente Geld nicht für Haus und Hof ausgibt, sondern für Urlaub, Kino und Restaurantbesuche. Der schwäbische Spruch „Schaffe, schaffe, Häusle baue" passt ganz wunderbar auch zu den Banater Schwaben.

Wie klein kann eine ganze Welt sein?

Es ist ein sommerlicher Nachmittag im Juli und es regnet. Ich sitze auf meiner von meinem Opa schon oft geflickten Schaukel unter dem schützenden Dach unserer schon längst baufälligen offenen Scheune und sehe selbstvergessen vor mich hin. Meine Großeltern halten ihren Mittagsschlaf und plötzlich steht meine kindliche Welt still. Die Katzen streunen vermeintlich ziellos durch Hof und Garten. Unser alter Hund liegt an der Kette – angeblich weil er sonst weglaufen und alleine nicht überleben würde – und läuft langsam zwischen Hundehütte und dem Ende seiner Kette hin und her. Das macht mich traurig, aber ich kann meinen Opa nicht dazu überreden, ihn von der quälenden Kette zu befreien. Der zweite Hund lässt sich, ebenso wie ich, von dem alten Scheunendach vor dem Nasswerden bewahren. Der Sommerregen geht so plötzlich, wie er gekommen ist, und durch die dichte und durchnässte

Krone unseres Zwetschgenbaumes scheint ganz plötzlich die Sonne. Durch die Baumkrone hindurch funkelt und strahlt es schon fast überirdisch beeindruckend und meine Augen sind von der Pracht gefesselt. Die Sonnenstrahlen brechen sich mit pompöser Wirkung in den Wassertropfen und diese beginnen, der Schwerkraft folgend, nach und nach abwärts zu rollen.
Ich weiß nicht mehr genau, wie alt ich zu diesem Zeitpunkt war. Vermutlich war ich im Grundschulalter. Das ist die intensivste Naturerfahrung meiner Kindheit und das Gefühl von Schönheit und Erhabenheit der Natur erfüllt mich immer noch.
So gut es ging, habe ich die Tage meiner Kindheit an der frischen Luft verbracht. Mit meinem rot gepunkteten Ball unter dem Arm bin ich auf die Straße vor unserem Haus gehüpft und habe Ausschau nach Nachbarskindern gehalten, in der Hoffnung, Spielpartner zu finden. Ich habe mich nicht jedes Mal getraut, die anderen zu fragen, ob sie mit mir spielen möchten. Hatten wir es jedoch geschafft, zusammenzufinden, haben wir endlose Male den Ball hin und her geworfen, getreten und darin gewetteifert, wer ihn öfter auf verschiedene Art und Weise ohne Unterbrechung an die Hauswand dotzen kann. Das geschah nicht mit der Zustimmung meiner Oma, hatte sie sich doch erst in jenem Frühling damit abgemüht, dem Hausgiebel einen neuen pfirsichfarbenen Anstrich zu verpassen und befürchtete nun, dass ihre elende Mühe durch den Aufprall un-

seres Balles zunichte gemacht werden könnte. Wenn sie den Aufprall des Balles hörte, kam sie schimpfend aus dem Haus gerannt und verbot uns das Spielen an der Wand. Kurze Zeit danach hüpften wir Gummi-Twist um die Wette. Wenn wir nur zu zweit waren, banden wir ein Ende des Gummis um einen Baum und handelten in einer hitzigen Diskussion aus, ob wir einen breiten oder einen schmalen Stamm dafür nutzten. Der breite Stamm vereinfachte uns das Springen, während der schmale Baumstamm es erschwerte.

Mein Opa zeigte mir als Kind, wie man auf Bäume klettert. Er tat es zum Ärger meines Vaters und meiner Oma, denn das war in den Rollenvorstellungen für Mädchen in unserem katholisch-konservativen Dorf nicht vorgesehen. Das galt auch für seine Anleitung, aus Zweigen Gummischleudern zu basteln und Holz zu hacken. Ich liebte es, im Apfelbaum zu sitzen und mir den Magen mit Äpfeln vollzustopfen und konnte es kaum erwarten, dass die Aprikosen und die Pflaumen reifer wurden. Oft siegte meine kindliche Ungeduld und ich aß halbreife Früchte. Im Kindergarten erzählten mir andere Kinder ganz geheimnisvoll, dass man starb, wenn man den Kern grüner Pflaumen aß. Ich habe es ausprobiert und – welch Überraschung – überlebt. Der unreife Pflaumenkern ist bitter, weiß, lässt sich gut kauen. Zu viele davon verursachten sicher Bauchschmerzen, aber tödlich sind sie offenkundig nicht. Der Duft frisch gekochter Marmelade aus Aprikosen und Pflaumen, die im Spätsommer und Herbst unsere Marmeladengläser füllte, sitzt mir heute noch in der Nase und erinnert mich an die Naturverbundenheit, die mir in die Wiege gelegt wurde. Ich liebte es, die übriggebliebenen trockenen Aprikosenkerne mit einem Stein oder Hammer zu zerschlagen und das Innere des Kernes zu essen. Es schmeckt so ähnlich wie Mandeln. Ein anderer Duft, oder besser gesagt Gestank, entstand beim Verbrennen alter Blätter im Herbst. In der Regel wurde samstags bei uns die Straße gefegt. Schon als Kind musste ich mithelfen und im Gegensatz zu anderen Pflichten, wie zum Beispiel Geschirr spülen, machte es mir sogar Spaß. Mit einem Besen aus Reisig schob ich, so gut es ging, die Blätterhaufen vor mir her. Wenn es so viel Laub war, dass mein Besen es nicht mehr schaffte, nahm ich einen Rechen. Wir hatten drei Akazienbäume und einen Pflaumenbaum auf unserer gar nicht so kleinen Wiese zwischen Haus und Straße stehen und vor allem im Herbst gab es jede Menge zu fegen. Ein Erwachsener aus der Familie sammelte die Blätter zu größeren Haufen und zündete sie in dem Graben, der die Hauptstraße von der Wiese vor unserem Haus trennte, an. Das taten mehrere Nachbarn gleichzeitig und man konnte entlang der Straße die Feuer und den Rauch beobachten. Es war ein beißender Gestank, der meine Nase durchzog, der aber von einem wohligen Gefühl von Gemeinschaft und Friedlichkeit begleitet wurde. In der Dämmerung verliehen die lodernden Flammen unserer Straße fast etwas Feierliches, vermutlich auch, weil das reinigende Prozedere häufig vor Feiertagen stattfand.

Die grundsätzliche Struktur von Haus, Wiese, Gemüsegarten war bei uns anders, als man es in Deutschland kennt. Von der Straße aus betrachtet gab es immer zuerst den oben bereits erwähnten Graben, in den bei Regen das Wasser von der Wiese ablief, unserer Wiese mit Bäumen, und einen asphaltierter Fußweg, der unser Haus von der Wiese trennte und parallel zum Wassergraben verlief. Über den Wassergraben führte vor jedem Haus eine Brücke, über die man mit dem Auto in den Innenhof fahren konnte. Von der Straße aus sah man nur die Vorderseiten der Häuser, weil die Lücken zu den Nachbarn grundsätzlich durch ein bunt lackiertes Tor aus Holz oder Metall verschlossen waren, welches man zum Hineinfahren öffnen konnte. Hinter dem Tor befand sich der Innenhof, der am Rand meistens mit Blumen bepflanzt war, nebst weiteren Obstbäumen und Weinreben, an denen saftige Trauben prächtig gediehen. Meine Großmutter kümmerte sich um die bunte Blumenpracht. Das Pflanzen und die Pflege der Blumen war immer ihre größte Leidenschaft, was man an der Vielfältigkeit der Farben und Sorten in unserem Innenhof sehen konnte. Am Ende des Innenhofes befand sich immer eine Art Scheune und dahinter ein sehr großer Gemüsegarten, in dem wir Gemüse wie Kartoffeln, Karotten, Paprika, Tomaten, Kohl, Salat und Kürbis anbauten. Der Gemüsegarten machte fast die Hälfte des gesamten Grundstückes aus.

Ich bin nicht nur gerne auf Bäumen rumgeklettert, sondern habe auch sehr viel gelesen und interessierte mich dafür, was außerhalb unseres dörflichen Universums lag. Meine Lieblings-Erzieherin, die, zu meiner kindlichen Verwirrung, bei meiner Einschulung plötzlich auch meine Grundschullehrerin werden sollte, Verwandte und Nachbarin gleichzeitig, besaß ein größeres Bücherregal, dessen Inhalt ich systematisch verschlang. Winnetou, Old Shatterhand und unzählige andere Helden waren nacheinander meine Begleiter. Zugang zu einer Bibliothek hatte ich zu meinen Grundschulzeiten leider nicht. Ich unterbrach meine Lesestunden ungern, um für meine kochende Mutter oder Oma Karotten oder Petersilie aus dem Garten zu holen und versuchte, die Umsetzung meines Auftrages hinauszuzögern, indem ich zum Ärger der Erwachsenen erstmal „gleich“ antwortete. Das ging meistens zwei oder drei Mal gut, bis mit dem Abnehmen der Geduld meiner Mutter meine Bereitschaft stieg, mich von der Lektüre zu lösen. Irgendwann schlurfte ich entnervt in den Garten hinter dem Haus und besorgte das Gemüse oder die verlangten Kräuter. Manchmal passierte es, dass ich Dill statt Petersilie hoch brachte, weil ich nicht gut zugehört hatte und dann musste ich eben nochmal laufen.

Irgendwas Grünes sollte es sein, das war schon richtig, aber was genau, ging verloren unter den viel spannenderen Geschehnissen in meinen Büchern.

Es gab größere und kleinere Ansiedlungen – eines hatten jedoch alle gemeinsam: In der Mitte eines jeden Dorfes ragte ganz selbstbewusst und mahnend ein Kirchturm in die Höhe. Das entsprach der zentralen Bedeutung, die die Kirche für das soziale Gefüge im Dorf hatte: ein dauer- und standhaftes Sinnbild einer Geborgenheit spendenden Dorfgemeinschaft, die neben dieser Verbundenheit aber auch ein Gefühl der Einengung mit sich brachte. Und an diesem Punkt beginnt der dekorative Putz der dörflichen Idylle leider zu bröckeln.
Gäbe es da nicht diskriminierende Menschenbilder, strafende Gottesvorstellungen und Brennnesseln auf nackten Kinderbeinen beim fehlerhaften Aufsagen der Zehn Gebote, hätte die Kirche durchaus ein tröstlicher und sinnstiftender Ort sein können – schade eigentlich.
Mein Großvater erzählte mir, eher um seine Frau zu ärgern, als zu meiner Bildung beizutragen, eines Tages hätte jemand einen Engel im weißen Nachthemd aus einem Fenster des Pfarrhauses klettern sehen. Ich habe die erwachsene Anspielung als Kind nicht gleich verstanden, merkte jedoch an der sehr erschrockenen Reaktion meiner Oma, dass daran irgendwas Verwerfliches sein musste. Als treue und überzeugte Kirchgän-

gerin ermahnte sie ihn aufgebracht: „Erzähl dem Kind doch nicht so einen Unsinn!" Er aber amüsierte sich köstlich und versuchte dabei nicht im Geringsten, die Schadenfreude über den Ärger seiner Frau zu verbergen. Er ging nur zu seltenen Anlässen und wenn er gar keine sinnvolle Ausrede fand, zur Kirche; meines Wissens nur zur Hochzeit seines Sohnes, zu meiner Erstkommunion, meiner Firmung und vielleicht mal zu Ostern. Bedeutet hat es ihm nichts. Ob die Geschichte mit dem Engel stimmt oder eine Erfindung meines Opas war, weiß ich nicht. Dass die dahinter steckende Geliebte des Pfarrers aber ausgerechnet aus dem Fenster geklettert sein soll, scheint mir zu humoristischen Zwecken erfunden worden zu sein. Obwohl – wenn ihr betrogener Ehemann gleichzeitig zum Haupteingang des Pfarrhauses hereinstürmte, macht es schon Sinn, nicht den gleichen Weg zu nehmen. Aber was konnte ein eifersüchtiger Ehemann schon zu seinem Rivalen sagen, wenn dieser sich als ein katholischer Pfarrer entpuppte?

Die offizielle Begrüßung für den Pfarrer hieß in unserem Dorf „Gelobt sei Jesus Christus", worauf dieser mit „In Ewigkeit, Amen" antwortete. Die formelle Begrüßung für den Rest der Menschen war „Grüß Gott". Ich fragte meine Mutter, ob der Pfarrer kein normaler Mensch sei und ob man ihn nicht so wie alle anderen Erwachsenen auch einfach mit „Grüß Gott" ansprechen könne. Nein, das ging auf gar keinen Fall, wurde mir immer wieder eingetrichtert, denn schließlich sollte ich nicht durch unangemessenes Benehmen bei dem Würdenträger auffallen. Das verdeutlicht die geradezu unantastbare Autorität, die er für die Menschen verkörperte. Ich wehre mich heute noch gegen das stupide Befolgen von Regeln, die mir durch Autoritätspersonen auferlegt werden, das hat was mit der Strenge zu tun, mit der versucht wurde, mir dieses Verhalten anzuerziehen. Sowieso und überhaupt ging es oft darum „was die Leute sagen."

Ich verbrachte lange Nachmittage meiner Kindheit damit, Teile des Katechismus auswendig zu lernen: die Zehn Gebote, das Glaubensbekenntnis, Vater Unser, Ave Maria und einiges mehr. Der Religionsunterricht fand in der Regel in der Sakristei der Kirche statt, in der der Pfarrer und die Messdiener sich vor und nach den Gottesdiensten umzogen. Es war ein etwas düsterer und sehr kühler Raum, der sich hinter dem Altar befand. Durch die Sakristei traten die dann katholisch angemessen gekleideten Pfarrer und Messdiener in ihren geschmückten Gewändern für den Gottesdienst in das Kirchenschiff.

Eines sommerlichen Nachmittags fand der Religionsunterricht in dem Vorhof des Pfarrhauses statt. Wir Kinder saßen im Halbkreis und vor uns saß unser Pfarrer. Ein Junge konnte die Zehn Gebote nicht flüssig aufsagen. Entweder hatte er sich nicht bemüht, sie zu lernen oder er konnte unter Druck keinen vernünftigen Satz hervorbringen. Der Pfarrer wurde immer unruhiger, seine Stimme immer lauter und sein Kopf immer röter. Er stand auf, ging weg und kam mit einem Strauß Brennnesseln aus seinem Garten wieder. Er zog sie dem Jungen erbarmungslos über die dünnen, nackten Kinderbeine. Mir ist nicht bekannt, dass sich die Leute im Dorf über dieses barbarische Verhalten ihres höchsten christlichen Würdenträgers beschwert hätten.

Ich kann mich bis heute nicht dem Gefühl von maßloser Enttäuschung und Wut entziehen. Ein Trauerspiel von gebildeter Geistlichkeit und sicher kein gutes Vorbild für die ihm anvertrauten Schäfchen. Ich stelle fest, ich möchte kein Schäfchen sein.

Die Beichte war immer ein sehr aufregendes Ereignis. Das Ganze hatte einen ritualisierten Ablauf, den ich leider vergessen habe. Ich lernte meine obligatorischen Sprüchlein auswendig und überlegte mir schon Tage vor der Beichte, was ich für Sünden begangen haben könnte. Es galt jetzt, diese loszuwerden und mein schlechtes Gewissen zu erleichtern. Fluchen war sicher eine davon. Ich sammelte also voller ernst gemeinter Reue meine sogenannten kindlichen „Sünden“ zusammen und setzte mich zu meinen Freunden in die Warteschlange der Kirchenbank, in der Hoffnung, es möglichst schnell hinter mich bringen zu können und die gelernten Sätze bloß in der richtigen Reihenfolge aufzusagen. Der Beichtstuhl war düster und kühl und ich sah die Umrisse des Priesters durch die netzartige Bespannung des Fensters, das uns verband. Er sprach mit sanftem Ton zu mir und gab mir als Buße auf, zwei Mal das „Vater Unser“ und ein Mal das „Ave Maria“ kniend auf den Treppen vor dem Altar zu beten. Immerhin lag ein Teppich auf den kalten Stufen. Die Anzahl der nötigen Gebete variierte von Mal zu Mal. Ich frage mich heute noch, ob er dafür Vorgaben hatte, oder ob er sich die Bußgebete spontan ausdachte. Entschied er nach Sympathie? Machte das Alter einen Unterschied? Von sieben bis zehn Jahren gab´s für das Fluchen ein Gebet weniger, als für die Zehn- bis Dreizehnjährigen? Ich fühlte mich nach der Beichte tatsächlich irgendwie geläutert und erleichtert, und ich nahm mir die Besserung auf dem Heimweg fest vor. Sie gelang nur kurz und das führte wieder zu Schuldgefühlen. Es ist geradezu himmelschreiend lieblos, Kinder mit Schuldgefühlen und einer angeblich „angeborenen“ und unausweichlichen Bösartigkeit, die in der „Erbsünde“ begründet sein soll, großzuziehen.

Mein Vater, sicherlich kein überzeugter Kirchgänger, ließ sich nur manchmal zu Ostern dazu überreden, zur Beichte zu gehen, „damit die Leute nicht reden.“ Meine Mutter schrieb ihm seine Sünden auf ein Blatt Papier, sie gingen die Liste gemeinsam durch und mit dem Spickzettel in der Hosentasche zog er widerwillig ab, Richtung Kirche. Er war sicher nicht der einzige Mann, der auf diese skurrile Art seine heilige Pflicht verrichtete. Ich denke, die Geschichte könnte mit den richtigen Schauspielern einen gelungenen Comedy-Sketch zum Thema Scheinheiligkeit abgeben. Besser geht es nun wirklich nicht.

Nach dem sonntäglichen Frühstück mit meiner Mutter begann meistens die leidige Diskussion darüber, was ich zur Kirche anziehen sollte. Bestimmt wieder eine Strumpfhose mit Kleid. Igitt! Ich hasste Strumpfhosen! Diese schrecklichen Dinger ließen sich nie richtig am Bein hochziehen. Der erste Streit des Sonntags endete damit, dass ich aus lauter Frust anfing zu weinen, während meine Mutter durch mein Protestgeheul schimpfte: „Du bist so ein Sturkopf!“ Wir bekamen die Sache mal mehr und mal weniger laut verhandelt. Meistens jedoch verlor ich die Schlacht und dackelte als „braves Mädchen“ verkleidet mit meiner Mutter zur Kirche. Damit war schon mal ein Stück von der erhofften sonntäglichen Harmonie zerstört. Mit neu geschöpfter Hoffnung auf einen schönen Sonntag, nach dem Motto „Der übliche Kampf ist gekämpft, jetzt kann´s nur besser werden!“, machten wir uns auf den Weg. Meine Oma kam auch mit. Sie hatte für den Gottesdienst ihre traditionellen Sonntagskleider angezogen. Die Stoffe waren edel, die Farben dunkel und sie trug sie mit Stolz. Die Männer des Hauses gingen nicht zur Kirche. Das war bei uns eben Frauensache. Unterwegs trafen wir meine Freundin mit ihren Eltern. Anscheinend war der Kirchgang nicht in allen Familien nur

Frauensache. Sie trug ebenfalls Kleidchen, Spängchen im Haar und Lack-Schühchen. Nun gut – zumindest war ich nicht die Einzige, die sich verkleiden musste.
Der Weg zur Kirche ist nicht wirklich weit in so einem kleinen Dorf, aber als Kind empfindet man Entfernungen anders. Vorbei an ein paar Häusern, noch eine Straße überqueren und schon waren wir da. Vor der Kirche stand meistens noch eine Gruppe von Männern, die sich angeregt unterhielten. Beim Eintreten in die Kirche machten wir einen demütigen Knicks in Richtung des Altares und bekreuzigten uns mit einem Finger, den wir zuerst in den alten Weihwasserkessel gleich am Eingang getaucht hatten. So war die Regel. Danach ging ich mit meiner Mutter über die Wendeltreppe hoch auf die Empore, wo sich auch die Orgel befand. Um diese herum formierte sich der Chor, der dem Gottesdienst durch seinen Gesang einen würdigen Rahmen verlieh. Die übrigen Kirchgänger sangen während des Gottesdienstes nicht. Auch das war etwas, das ich in Deutschland anders kennengelernt habe.
Eines Sonntags, als aus Mangel an Jungen auch meine Freundinnen und ich zu Messdienerinnen werden mussten, kam es während des Gottesdienstes zu einem, erst im Nachhinein lustigen, Eklat. Es gab verschiedene Aufgaben zu übernehmen und diese wurden gemeinsam mit dem Pfarrer vor dem Gottesdienst verteilt. Wer darf die Glöckchen unter dem Altar zu dem dafür vorgesehenen Zeitpunkt läuten? Wer holt Wein und Was-

ser, die sich seitlich des Altars auf einem Tisch befanden? Die Aufgaben waren unterschiedlich beliebt, unterlagen anscheinend einer hierarchischen Ordnung, und nicht selten führten wir Jugendlichen hitzige Debatten über deren Verteilung. Meine Klassenkameradin und ich hatten wohl etwas missverstanden, denn wir fühlten uns beide für das kleine Tablett mit Wein und Wasser verantwortlich und fingen plötzlich an, im Flüsterton zu streiten. Beide hielten wir an dem kleinen Tablett fest und keine von uns war bereit, nachzugeben. Ein kindlicher Machtkampf, der sich gewaschen hatte – allerdings in einer sehr ungünstigen Situation. Zum Glück verschütteten wir dabei die Getränke nicht. Wir vergaßen allerdings, dass wir uns mitten in einem Gottesdienst befanden und gifteten uns immer energischer an, während wir krampfhaft versuchten, dabei zu flüstern, was uns zunehmend weniger gelang. Der Pfarrer versuchte, seine Verse etwas langsamer zu singen, schielte nach rechts hinten und räusperte sich kräftig. Das weckte uns aus unserem unerbittlichen Gezanke und in einem schwachen Moment, in dem eine von uns sich entweder erschreckte oder sich doch zum Nachgeben entschied, ließ entweder sie oder ich das Tablett los, die andere ging damit zum mittlerweile verärgerten Pfarrer und versuchte, es ihm mit einem möglichst ehrwürdigen Gesichtsausdruck zu überreichen. Ich weiß wirklich nicht mehr, wer gewonnen hat. Nach dem Gottesdienst schimpfte der Pfarrer mit uns und leider nicht nur er. Meiner Mutter, die im Kirchenchor sang und alles von der Empore aus beobachtet hatte, platzte direkt nach dem Gottesdienst der Kragen. Fauchend empfing sie mich und schämte sich für das unrühmliche Verhalten ihres Kindes. Schließlich hatte das ganze Dorf die sonntägliche Katastrophe beobachtet. „Was sagen bloß die Leute? Wie kannst du dich nur so schlecht benehmen?"

Eine weniger spaßige Geschichte ist die schmerzhafte Ausgrenzung einer geschiedenen Frau von den regulären Abläufen des Gottesdienstes. Scheidungen gab es tatsächlich so gut wie nie, was nichts über die Qualität der Ehen aussagt. Man heiratete und der Bund galt für die Ewigkeit. Man hörte allerdings auch davon, dass Männer und Frauen mit Nicht-Ehepartnern kurze bis jahrelange Beziehungen führten, aber solange dies nur heimlich geschah und unter vorgehaltener Hand besprochen wurde, „gab" es das halt auch nicht. Menschen sind erstaunlich kreativ im Umgang mit unerwünschten Tatsachen. Wo man nicht hinsieht, ist auch nichts – oder so ähnlich. Bei uns „gab" es auch keine gleichgeschlechtliche Liebe. Ich frage mich, wie viele Menschen heimlich unter dem dörflichen Rollen-Druck und unter dem Gefühl des „Anders-Seins" gelitten haben. Es herrschte eine Diktatur des „Richtig-Seins", eine Diktatur des „Normal-Seins", die das „Anders-Sein" beschämte und zuverlässig im Zaum hielt.

Aus Erzählungen meiner Mutter weiß ich, dass es eben doch einmal eine Scheidung gegeben hatte und die geschiedene Frau während des Gottesdienstes nicht mehr die Hostie empfangen durfte. Es gab eine strenge Zuweisung der Sitzbänke in der Kirche. Von der Empore aus betrachtet saßen rechts vorne die Kinder, dahinter die unverheirateten jungen Frauen, rechts hinten die Männer, links vorne die jüngeren verheirateten Frauen und links hinten die älteren verheirateten Frauen. Auf der Empore standen die Mitglieder des Kirchenchores, die jeden Sonntag ihr Bestes versuchten. Die besagte Frau setzte sich ab diesem Zeitpunkt in eine hintere Bank, damit sie in ihrem Alleinsein nicht so auffiel, wenn ihre Altersgenossinnen gesammelt zum Empfang der heiligen Kommunion vor den Altar traten. Wie viel Trauer mag diese Frau dabei empfunden haben?
Immer wieder wurde erzählt, dass Männer und Frauen, die sich eigentlich liebten, letztendlich nicht heiraten durften, wenn die Diskrepanz zwischen den jeweiligen Familienvermögen zu groß war.

Überhaupt drehte sich alles darum, was die anderen Leute wohl sagten, wenn sie sahen oder hörten, dass jemand aus dem Dorf dies oder jenes tat, dies oder jenes sagte, dies oder jenes dachte. Die soziale Kontrolle funktionierte zu meiner Kindheit tadellos und sie wurde am Leben erhalten und gut gepflegt. Vieles geschah deswegen oder deswegen eben nicht.

In den ersten Jahren nach meiner Auswanderung freundete ich mich in Deutschland mit einem Mädchen an, die überzeugte evangelische Christin war. Zum ersten Mal sah ich jemanden, der strahlte, während er über seinen Glauben sprach. Es war für mich eine Art Befreiung und Bestätigung dafür, dass die konservative Auslegung des Christentums mit dem strafenden Gott Lebensfreude geradezu zerstörte, denn ich sah in ihrem Ausdruck nur das Gefühl von Freude und Geborgenheit und keine Angst vor Strafe.

Es macht mir wirklich schlechte Laune, wenn ich an meine kindlichen quälenden Selbstzweifel und Ängste vor meiner Kirche und ihrem Gott zurückdenke. Mir wurde erzählt, ich käme nicht in den Himmel wenn ich nicht brav sei, der liebe Gott sähe alles, was ich tat. „Siehst du, kleine Sünden bestraft der liebe Gott sofort!" Das war einfach nur eine morbide Erziehungsmethode. Es gab ab Mitte der 1980er Jahre zaghafte Versuche eines jungen und neuen Priesters, etwas Frischluft in unseren verstaubten Gottesdienst zu bringen. Er gab dem Kirchenchor neue und rhythmischere Lieder zum Singen. Damit rannte er bei manchen gegen eine Mauer aus „Das kennen wir nicht, also wollen wir das moderne Zeug auch nicht!" Da der Pfarrer eine Autoritätsperson war, wagte die Gemeinde nicht, sich direkt zu widersetzen, aber schlechte Laune und Entrüstung über die neuen Texte und Melodien machte sich vor allem in der Generation meiner Oma breit und wurden im Flüsterton durch das ganze Dorf getragen. Ich höre sie heute noch zetern und schimpfen: „Na so was, das ist doch viel zu schnell für den Gottesdienst am Sonntag. Was machen wir denn nur mit unseren alten Liedern?“ Oje, oje – sie wähnte alte und geliebte Traditionen in Gefahr, war sie doch eine klare und strenge Verfechterin von „Anstand und Sitte.“ In der Regel war der Gesang des Chores tragend – also eigentlich etwas ausgeleiert, denn schließlich waren seine Mitglieder keine professionell ausgebildeten Sänger:innen und zusätzlich sollte es ja nun mal besonders dramatisch klingen. Für meine Großmutter väterlicherseits, die 1921 geboren war, stellten die modernen Ideen unseres neuen Pfarrers ein schmerzhaftes Rütteln an ihren Werten dar, das hörbar durch ihr betagtes Mark und Bein ging. Sie erzählte mir stolz, wie sie schon als Kind als talentierte Sängerin entdeckt und zum Kirchenchor zugelassen worden war, was sie ihr ganzes Leben lang als große Ehre empfunden hat. Meine Mutter, ihre Schwiegertochter, und in deren Nachfolge auch ich als die einzige Enkeltochter, durften ebenso im Chor mitsingen. Bei den Gottesdiensten standen wir auf der Empore und sangen uralte Kirchenlieder, deren zum Teil schon verblichener Text, als würde er auch keine große Lust mehr darauf haben, gesungen zu werden, auf uralten Schreibmaschinen getippt und in uralte Hefte eingeklebt worden war.

Meine beiden Großmütter nahmen mich oft mit, wenn sie die Gräber im Friedhof pflegten. Mit Hacke und Rechen in der einen, Gießkanne und neue Blumen im Korb in der anderen Hand liefen wir gemeinsam zum Friedhof. Ich bettelte jedes Mal darum, auch etwas tragen zu dürfen, um meine kindliche Emsigkeit unter Beweis zu stellen – meistens bekam ich jedoch nur unsere alte blecherne Gießkanne in die Hand gedrückt, denn das war am wenigsten gefährlich, falls ich stolpern und hinfallen sollte. Wenn ich mich über die wenig verantwortungsvolle Aufgabe des Gießkannentragens beklagte, erwiderte meine Oma oft: „Beschwer´ dich beim Salzamt." Damit war alles gesagt, denn ein Salzamt gab es natürlich nicht.

Meine eindrücklichsten Erinnerungen an den Friedhof sammelte ich an Allerheiligen, als unzählige Kerzen auf dem schon abendlich düsteren Friedhof brannten, die Gräber frisch von Unkraut befreit, neu bepflanzt und die Grabsteine frisch gewienert waren. Es war ein bisschen so, als seien unsere Ahnen tatsächlich anwesend. Natürlich gab es auch einen informellen Wettbewerb um die am schönsten geschmückten Gräber und so blieben dörflich wetteifernde Bemerkungen wie „Also eigentlich hatten wir doch schon die schöneren Gräber, oder?" im Nachhinein nicht aus.

Als ich während eines Besuchs in der alten Heimat mit Mitte Dreißig mal den dörflichen Friedhof besuchte, überrollte mich der Wunsch, zumindest ein Teil meiner Asche müsste dort verstreut oder begraben werden, um meinem Leben einen sinnvollen Abschluss zu geben. Ich gehörte dorthin und so würde mein Lebenskreis sich schließlich vollenden. Ein starkes Gefühl, auch heute immer noch sinnstiftend in mir. Ist es ein Zeichen dafür, dass ich nicht loslassen kann, oder ist der Ort, an dem man aufgewachsen ist, mit seiner ganz eigenen Art und Weise einfach nicht zu ersetzen?

Neben der Kirche war unser Dorfladen, der von der Familie einer meiner Klassenkameradinnen betrieben wurde. Neben ein paar grauen und langweiligen Haushaltsartikeln konnte man dort Lebensmittel einkaufen – falls sie gerade verfügbar waren. Jeder Familie wurde eine monatliche Ration an Öl, Zucker und Mehl zugestanden. Ich schlurfte öfter mit meiner Oma zum Laden und wir fragten uns den ganzen Weg über, ob wir wohl erfolgreich und mit vollen Einkaufstüten heim kommen würden oder ob die Sachen wieder nicht geliefert worden waren. Mal waren die Tüten auf dem Heimweg leer, mal waren sie voll. Holten wir die Waren ab, wurde es von den Verkäufer:innen in ein großes Buch eingetragen, damit niemand auf die Idee kam, die Lebensmittel unberechtigterweise ein zweites Mal zu beanspruchen. Hinter der Glastheke lagen immer zu größeren Klumpen verklebte rumänische Bonbons, die mir schon damals nicht geschmeckt haben. Ich weiß nicht, womit sie gefüllt waren, aber es schmeckte nach so einer Art Marmelade mit einem Gemisch aus irgendwas nicht Definierbarem. Nicht mal unser Hund wollte sie essen. Was Bonbons betraf, war er eine Art Gourmet. Die teuren Bonbons aus Deutschland, die wir gelegentlich per Post oder durch Besuch von dort erhielten, fraß er nämlich mit Vorliebe. An den rumänischen Süßigkeiten schnüffelte er lediglich und ließ sie danach enttäuscht auf der Wiese unter der Tanne liegen. Das war sehr lustig und erstaunlich, jedoch hatte ich auch Angst, dass meine geliebte Bonbon-Tüte sich zu schnell leeren würde. Er war der Lieblingshund meines Vaters und dieser erfreute sich an der Schrulligkeit und dem exquisiten Geschmack seines Hundes, indem er ihm gerne ein solches besonderes Leckerli zuwarf.

Obst und Gemüse gab es in dem Dorfladen mit seinen verblichenen Gardinen und zerkratzten Glasscheiben nicht. Wir hatten alle unseren großen Garten, den wir selbst bewirtschafteten, was uns im Gegensatz zur Stadtbevölkerung, die sich jedes Stück Gemüse mühsam auf dem Markt zusammenklauben musste, einen unbezahlbaren Vorteil verschaffte. Jedes Haus hatte, je nach Wohlstand und Anzahl der Familienmitglieder, mindestens ein Schwein im Stall, und ein paar Hühner. Der Tag im Winter an dem wir unser Schwein schlachteten, stellte jedes Jahr auf Neue eine besondere Herausforderung für mich dar. Mehrere Männer stürzten sich auf das Tier, um es festzuhalten, und einer von ihnen schnitt ihm mit einem großen Messer, dessen Klinge vorher sicherheitshalber nochmal geschärft worden war, die Kehle durch. Ich versteckte mich jedes Mal im hintersten Zimmer des Hauses und hielt mir die Ohren zu, um das verzweifelte und erbärmliche Quieken nicht hören zu müssen. Das Blut, das aus der toten Kehle floss, wurde in einer Schüssel aufgefangen und zu Blutwurst verarbeitet. Danach wurde das Schwein ausgenommen und an eine Art Pfahl in den Hof gehängt. Es wurde von mehreren Männern und Frauen, Familienmitglieder und Nachbarn, einen ganzen Tag lang zu mehreren Sorten Wurst und vielen Fleischpäckchen verarbeitet. Das war mühevolle Plackerei. Trotzdem wurde viel gelacht und manchmal auch gestritten über die Art der Verarbeitung oder die Menge der Gewürze. Es floss nicht wenig Alkohol dabei. Am Ende des Schlacht-Tages waren alle unendlich erschöpft, aber in aller Regel zufrieden mit dem Ergebnis und selig darüber, dass die harte Arbeit wieder mal geschafft war bis zum nächsten Winter.

Als Kind versuchte ich eines Tages mit Hilfe meines Opas, der mich zum wiederholten Male mit seinen kreativen Ideen beeindruckte, unser Schwein als Reittier zu nutzen. Aus Mangel an einem Pferd schlug er vor: „Dann reite doch auf dem Schwein!“ Er öffnete die Stalltür, das Schwein sprang erfreut und überrascht über die frisch gewonnene Freiheit heraus und hinein in den Hühnerhof, der seinen Stall umgab. Mit Hilfe meines Opas, der sich damit abmühte das Tier festzuhalten, gelang es mir, mich mit Ach und Krach auf den borstigen Rücken zu setzen und ich versuchte, mich an den Ohren festzuhalten. Doch das Schwein hatte andere Pläne und war nicht gerade begeistert von unserer verrückten Idee. Das Ganze ging nur wenige Sekunden gut und ich landete direkt zwischen den doch sehr verwunderten und aufgeregt gackernden Hühnern. Auch sie hatten sowas noch nie erlebt, und sollten es auch kein zweites Mal erleben. Meine Lust, auf Schweinen zu reiten, nahm schlagartig ab. Doch in jenem Jahr machte mich der Schlacht-Tag besonders traurig, denn schließlich wurde mein Reit-Schwein getötet und verwurstet.

Das Schlachten der Hühner habe ich manchmal aus unmittelbarer Nähe beobachtet. Jemand klemmte sich das Huhn zwischen die Knie, hielt mit einer Hand den Kopf fest und schnitt mit der freien Hand die Kehle durch. Das waren die alten Methoden, Tiere zu töten. Ich fand das Töten an sich grundsätzlich schon übel, aber als eines Tages meine beiden Lieblingstiere – das Huhn namens Gretel und der Hahn namens Hänsel – in unserem Suppentopf landen sollten, protestierte ich und schwor meiner Familie hoch und heilig, kein Schluck davon würde in meinen Magen gelangen. Ich befürchte gestehen zu müssen, dass ich mich nicht daran gehalten habe.

Der Umgang mit Tieren war überhaupt sehr roh. Als ich eines sommerlichen Tages von der Schule nach Hause kam, zeigte mein geliebter Opa sich von seiner unbarmherzigen Seite. Er stand im Garten und ertränkte gerade zwei neugeborene Kätzchen in einem vollen Eimer mit Wasser. Mir wird heute noch flau im Magen bei dieser Erinnerung. Eine unserer drei Katzen hatte Junge bekommen und er hatte sie in einem Strohhaufen aufgespürt, indem er dem Muttertier gefolgt war. „Wir haben schon genug Katzen im Haus“, meinte er ganz lapidar zu mir, als ginge es um Kleinmöbel und nicht um neugeborene, süße Kätzchen. Daraufhin rannte ich geschockt und erbost zu meiner Oma, in der Hoffnung, sie könnte ihn noch davon abhalten, doch es war nichts mehr zu machen. Auch sie war damit einverstanden. Das Einzige, was bei der Aktion schief gegangen war, war der Zeitpunkt. Eigentlich hatte das Ganze schon früher über die Bühne gebracht werden sollen, bevor ich aus der Schule nach Hause kam. Den Hasenbraten, der aus unseren Hasen zubereitet wurde, habe ich aber tatsächlich nicht angerührt. Das war dann doch zu viel für mich und alles Locken meiner Eltern half nichts. Diesmal blieb ich standhaft.

Manche Familien besaßen noch Enten, Gänse oder Kühe. Diese versorgten auch die angrenzenden Haushalte mit Milch und frischem Käse. Meine Mutter schickte mich oft mit einer Milchkanne zur Nachbarin. Diese hörte meistens mein Rufen nicht, wenn ich ihren

Hof betrat, weil sie schon im Stall beim Melken war. Aber ich kann mich noch an den Gestank erinnern, der mir aus dem Kuhstall entgegenschlug. Sie saß auf einem kleinen Schemel und molk. Abgesehen davon, dass man die frische Milch vor dem Verzehr kochen sollte, gab es keine Hygienevorschriften im Umgang damit. Trotzdem gab es meines Wissens niemanden, der irgendeinen Schaden davongetragen hätte. Meine Begeisterung wurde immer durch die Kälber geweckt, die mit im Stall waren. Mit den großen, braunen Augen und den dazugehörigen lagen schwarzen Wimpern sahen sie aus wie riesige Kuscheltiere, die ich am liebsten in den Arm und mit nach Hause genommen hätte.

Es war in unserem Dorf auch nichts Besonderes, dass Haustiere wie Hunde und Katzen auf der Straße umherstreunten und Nutztiere wie Kühe, Enten und Gänse sich dazugesellten. Erst viel später, wiederum bei einem Besuch, ist mir aufgefallen, wie tierisch-laut unser Dorf war und auch heute noch ist. In Deutschland ist mir dieser Vielklang an tierischen Lauten in besiedelten Gebieten nirgendwo so stark begegnet.

Trotz der Tatsache, dass ich mit Tieren aufgewachsen bin, habe ich immer auch eine gewisse Angst vor ihnen gehabt. Das hatte verschiedene Gründe. Es gab einige Hunde, die einfach herrenlos im Dorf umherliefen und für mich nicht berechenbar waren. Da wechselte ich schon mal die Straßenseite, um eine Begegnung zu verhindern. Im Frühling hielt ich besonders großen Abstand von den Gänsefamilien. Wenn deren Küken geschlüpft waren, verteidigten die Mütter diese leidenschaftlich. Selbst wenn ich in einigen Metern Abstand an ihnen vorbei ging, zischten sie bedrohlich und reckten mir ihre langen Hälse, soweit es ihnen nur möglich war, entgegen.

Eines Tages, als ich auf dem Weg nach Hause war, hatte sich die wild gewordene Kuh einer Nachbarin aus mir immer noch unerfindlichen Gründen entschlossen, mir hinterher zu laufen. Ich kriegte es natürlich mit der Angst zu tun und lief, so schnell ich konnte, davon. Zu allem Übel fiel ich dabei auch noch hin. Dem Loch in der Hose und den Knieschmerzen konnte ich in diesem Moment keine Beachtung schenken, denn das riesige, gehörnte Tier war mir auf den Fersen! Auch einen Schuh hatte ich verloren. Da es bei uns zum Glück nicht üblich war, die Tore abzuschließen, flüchtete ich zu meinen Nachbarn in den Hof. Überglücklich und in Sicherheit bemerkte ich jetzt erst die Schmerzen in meinem aufgeschlagenen Knie. Die erschrockene Nachbarin fing ihr Tier wieder ein und führte es an der Leine nach Hause. Dann traute auch ich mich wieder auf die Straße, und sammelte meinen verlorenen Schuh ein. Zu Hause beschwerte ich mich bei meinen Großeltern über die Nachbarin, die ihre verrückte Kuh nicht im Griff hatte. Wenn ich ehrlich bin – ich hab´s dieser blöden Kuh heute noch nicht verziehen.

Gegenüber unserer Kirche, auf der anderen Straßenseite, stand die rumänische und somit orthodoxe Kirche. Im Nachhinein fasziniert mich die Friedlichkeit, mit der Deutsche und Rumänen zur Zeit meiner Kindheit nebeneinander und miteinander gelebt haben. Es war in Ordnung so wie es war. Vielleicht lag es auch daran, dass wir alle andere und größere Sorgen hatten, als uns das Leben auch noch mit religiös oder nationalistisch motivierten Anfeindungen schwer zu machen. Der Staat war schließlich so etwas wie unser aller gemeinsamer Feind. Auch das kann verbinden.

An Ostern hatten katholische Deutsche und orthodoxe Rumänen sehr unterschiedliche Bräuche, um die große Bedeutung des Osterfestes für das Christentum zu betonen. Bei uns Katholiken fing das Ganze mit einem Gottesdienst am Gründonnerstag an, einem weiteren am Karfreitag. Wenn ich mich recht erinnere, gab es sogar einen am Samstag vor Ostern und schließlich und endlich die besonders heilig anmutende Messe am Ostersonntag. Jeder dieser Gottesdienste wurde von besonderen Ritualen begleitet, die ich zum Teil nur noch schemenhaft in Erinnerung habe. Am Karfreitag wurden als Zeichen der Trauer über den Tod Jesu schwarze Tücher über das Kreuz gehängt und der Pfarrer ging samt seinem Gefolge, also den Messdienern, symbolisch den Kreuzweg ab, der sich aus vierzehn Stationen zusammensetzte. Die verschiedenen Ereignisse jeder Station waren auf einem Bild dargestellt, das an der

Kirchenwand hing. Vor jedem Bild blieb er stehen und sang oder sprach bestimmte Verse. Der Kirchenchor sang ebenso seinen Part dabei. Es dauerte ewig und rief eine Art von beängstigender Endzeit-Stimmung in der Gemeinde hervor. Ich fragte meine Oma, was die schwarzen Tücher zu bedeuten hätten, denn ich fand sie gruselig und das Ganze jagte mir Angst ein. Die Kinder liefen am Samstag vor Ostern mit einer Ratsche durchs Dorf und sagten in jedem deutschen Haus ihr Sprüchlein auf: „Wir rätschen, wir rätschen den englischen Gruß, dass jeder katholische Christ weiß, dass er beten muss!“ Ich habe damals schon überlegt, was an diesem Gruß ausgerechnet „englisch“ sein sollte – heute weiß ich, dass es um die Engel und nicht um das Land ging. Einmal durfte ich mit meinem Klassenkameraden Sebastian meinen Teil zur österlichen Feierlichkeit beitragen und wir ratschten uns emsig durch das gesamte Dorf. Für das Ratschen schenkten die Dorfbewohner den Kindern frische Hühnereier, die zum Teil unter den Kindern aufgeteilt und zu Hause von deren Müttern und Großmüttern zu Kuchen verarbeitet wurden und, wenn meine Erinnerung mich nicht täuscht, zum Teil beim Dorfpfarrer abgegeben werden mussten. Einige wurden gefärbt. Meine Oma erzählte mir, dass der Sinn des „Rätschens“ darin bestand, den Menschen den Gottesdienst anzukündigen, weil in den Tagen vor Ostern die Kirchenglocken nicht geläutet werden durften.

Die Rumänen hatten dafür vor ihrer Kirche ein langes Holzbrett zwischen zwei Bäumen aufgehängt, das mit Klöppeln traktiert wurde. Das laute rhythmische Klopfen sollte ebenso den Gottesdienst ankündigen. Es war aber auch wirklich so durchdringend laut, dass man es im ganzen Dorf hörte, was nun mal der Sinn der Sache war. Die orthodoxen Christen feiern das Osterfest später als die Katholiken, da sie sich nicht am gregorianischen, sondern am älteren julianischen Kalender orientieren. Für uns Kinder war es sehr schön, dass im Dorf zweimal Ostern war. An dem orthodoxen Ostersonntag gingen die rumänischen Frauen mit gefüllten Körben voll selbst gebackenem Hefezopf und bunten Eiern in den Gottesdienst, um das Essen segnen zu lassen. Auf dem Heimweg wurden die Eier dann netterweise an uns Kinder verteilt, sowohl die rumänischen als auch die deutschen. So auch an mich. Ich wartete am Gartenzaun auf die rumänischen Frauen, und wenn eine von ihnen mir ein Ei schenkte, freute ich mich sehr und trug meine „Beute“ ins Haus, um sie stolz meinen Eltern und Großeltern zu zeigen. Möglichst kurz darauf stand ich wieder am Gartenzaun, denn man konnte nie wissen, welche nette Frau mit ihrem gefüllten Körbchen noch aus der Kirche kommen würde.

Auch Weihnachten war ein besonders ausgiebig gefeiertes Fest und eine Gruppe von Kindern, denen jeweils die verschiedenen Rollen des Krippenspiels zugeteilt wurden, lief an Heiligabend den ganzen Tag von Haus zu Haus und trug dieses vor. Als Neuling startete man die „Karriereleiter" als einer der Hirten und wenn alles gut lief, durfte man das nächste oder übernächste Jahr einen der Engel oder als Höhepunkt die Maria bzw. den Josef spielen. So auch in meinem Fall. Ich habe es bis zur heiligen Maria gebracht und mein Klassenkamerad Sebastian war mein dazugehöriger Josef. Der Rundgang durch das Dorf war für uns Kinder enorm anstrengend. Ich weiß nicht mehr, wie oft jeder von uns das gleiche Lied im Krippenspiel vortragen musste, bis wir in jedem deutschen Haus waren, aber es dauerte gefühlte Ewigkeiten. Eine Familie dabei zu übersehen, wäre eine undenkbare Katastrophe gewesen und so kämpften wir uns tapfer durch das Dorf. Damit wir nicht zu viel Unsinn in unseren Kostümen anstellten, wurden wir immer von einem Erwachsenen, meistens einer Mutter oder einem Vater der Laiendarsteller, begleitet. Die kräftezehrende Krönung des Tages war das letztmalige Vortragen des Krippenspiels in der Christmette um Mitternacht. Mit kalten Füßen und heiseren Stimmen gaben wir unser weihnachtliches Bestes und freuten uns auf zu Hause. Die Zeit zwischen dem letzten Haus und der Christmette verbrachten wir bei einem unserer Krippenspiel-Teilnehmer, wo belegte Brote und Getränke auf uns warteten. Dabei wurde das hart verdiente Geld gezählt und verteilt, welches wir als Belohnung für unseren Gesang bekommen hatten.

Auch Fronleichnam war ein großes Ereignis, bei dem jedes Viertel des Dorfes eine Ecke des viereckigen, parkähnlichen Geländes, auf dem die Kirche stand, zugewiesen bekam und versuchte, diese möglichst blumig und pompös zu schmücken. Auch hier kam der Wettbewerbsgedanke nicht zu kurz. Irgendwie wiegte sich jedes Dorfviertel in der Sicherheit, die frischesten und schönsten Blumen zur Dekoration zu haben. Zwischen den Blumen standen gleich vier Mal die Heiligenbilder und Heiligenfiguren.

Zusätzlich zu den religiösen feierlichen Anlässen wurde das Jahr durch verschiedene Tanzbälle vervollkommnet. Zum 1. Mai wurde im Dorf ein geschmückter Maibaum aufgestellt und drum herum getanzt. Im September wurde jedes Jahr das Kirchweihfest gefeiert, und auch an jenem Tag fand abends ein Ball statt. Im Herbst wurden die meisten Veranstaltungen organisiert: der Maskenball, der Feuerwehrball, der Sportball, der Musikantenball, der Traubenball, der Katharinaball und der Elisabethball. Der Silvesterball beendete schließlich das alte und läutete das neue Jahr ein. Dabei wurde zu Blasmusik getanzt, gegessen, getrunken und vor allem bei den jungen Menschen geflirtet. Tanzen zu können spielte eine wichtige Rolle. Auch mein Vater erzählte immer wieder mit geschwellter Brust von seinen Fähigkeiten beim Tanzen und der schwärmenden Anerkennung, die er von den Mädchen und jungen Frauen dafür erntete. Schon als Kind übten meine Oma und meine Eltern mit mir die Polka und den Walzer. Wer gut tanzen konnte, hatte sich schon mal ein Stück Anerkennung beim anderen Geschlecht gesichert. Auch wenn unser Verhältnis nicht immer harmonisch war – getanzt habe ich gerne mit meinem Vater. Er hatte eine angenehm leichtfüßige Art, beim Tanzen zu führen. Alle Bälle fanden im dörflichen Kultursaal statt. Dort wurden ebenso ausgiebig Hochzeiten gefeiert und jeden Sonntagnachmittag wurden die Fenster verdunkelt und der Saal zu einem Kino umfunktioniert. Ich ging immer mit meiner besten Freundin hin – allerdings nur im Sommer, denn den Saal zu beheizen wäre zu aufwendig gewesen. In der Regel ließen wir uns von melodramatischen, indischen Filmen oder einer der Komödien mit Bud Spencer und Terrence Hill beeindrucken und kamen uns ganz besonders erwachsen dabei vor. Auf jeden Fall ist eines klar – wir sahen einen Film, der politisch harmlos war, denn alle anderen Filme waren durch den politischen Maulkorb unmöglich aufzuführen und durch die Zensur gefallen. Der Eintritt war erschwinglich. Der Saal war voller Kinder und Jugendlicher, die Sonnenblumen- oder Kürbiskerne knabberten und die Schalen auf den Boden spuckten. Das war zwar verboten, aber im Dunkeln konnten wir vom Hausmeister nicht gut erkannt werden. Jedenfalls mühte der arme Mann sich nach jeder Vorstellung mit Besen und Schippe damit ab, die Schalen zusammen zu fegen. Nach dem Film trotteten wir nach Hause, nicht ohne uns an der letzten gemeinsamen Straßenecke des Weges nochmal in Gespräche über die Schule und alles, was sonst noch wichtig für uns war, zu vertiefen. Bei unseren Nachbarn vor dem Haus hatten sich zu der Zeit – vor allem bei gutem Wetter – schon ein paar Leute versammelt. Sie saßen auf Stühlen in einem Kreis und besprachen die neuesten interessanten Themen. Kuchen- und Kochrezepte wurden ausgetauscht und der neueste Klatsch und Tratsch weitergegeben. Wenn meine Oma oder meine Mutter in sonntäglicher Muße und Entspanntheit dabei saßen, gesellte auch ich mich meistens dazu und bekam einen Stuhl angeboten. Auch wenn die Gespräche für meine Kinderohren manchmal etwas langweilig waren, wurde mir so ein kleiner Einblick in die Welt der Erwachsenen gewährt.

Der Sonntagabend stimmte mich immer traurig. Am Tag danach würde ich wieder zur Schule müssen, meine Mutter ging wieder bis spät abends arbeiten, und es dauerte wieder fünf ganze Tage, bis der nächste Samstag da sein würde.

So war der Alltag in unserem Leben – eine kleine Dorfgemeinschaft, die von ihren Ritualen sicher durch das Jahr getragen wurde; vorhersehbar, tröstend, Zugehörigkeit fördernd, aber zugleich auch Individualität beschneidend und kontrollierend.

So klein und doch eine ganze Welt, älter als zweihundert Jahre.

Abschied...

Und dann passierte das Unvorstellbare. Das Netz aus Vorhersehbarkeiten und der Trost der Rituale lösten sich auf wie durchgetrennte Fäden eines Spinnennetzes, und ich fiel hindurch. Im Dezember des Jahres 1989 gingen die rumänischen Staatsbürger auf die Straße, wehrten sich mit geballter Kraft gegen die Grausamkeit ihres Regimes und stürzten die Diktatur. Manche verloren dabei ihr Leben. Auch mir kam die ungestüme Gewalt der Revolution näher, als mir lieb war.

Wenige Tage vor Weihnachten im Jahr 1989 kam ich aus der Schule nach Hause und fand zu Hause ein ungewöhnliches Schauspiel vor. Mein Vater stand mitten im Zimmer, ungewöhnlich nah vor unserem alten Schwarzweißfernseher, und war sichtlich aufgewühlt. Mindestens genau so aufgeregt waren die Stimmen, die uns aus dem Gerät entgegenschrien und verzweifelte Tränen weinten. Normalerweise wurde werktags erst abends gegen neunzehn Uhr ein Programm ausgestrahlt, jetzt war es ungefähr dreizehn Uhr und ich merkte, dass etwas Besonderes geschehen sein musste. Es dauerte, bis ich verstand, was passiert war.

In der Stadt Temeswar, ungefähr sechzig Kilometer von meinem Dorf entfernt, war der revolutionäre Funke, der im ganzen Ostblock glühte, übergesprungen und hatte sich wie ein Lauffeuer unter den Menschen verbreitet, deren Freiheitsdrang erstmals über die Angst vor Unterdrückung und selbst über die Angst vor dem Tod siegte. Sie skandierten etwas über Freiheit und bewegten sich geschlossen über die breiten Straßen der Großstadt. Ich sah Verletzte, denen man versuchte zu helfen, Mütter und Väter, die über den Verlust ihrer Söhne und Töchter weinten und Gesichter, die von entschlossenem Zorn geprägt waren, der nun endgültig nicht mehr zu bändigen war. Journalisten, die vor wenigen Tagen noch regimegetreue Parolen von sich gegeben hatten, wechselten ganz plötzlich die Seiten und sprachen sich gegen die Diktatur aus. Eigentlich seien sie ja schon immer dagegen gewesen, aber... Zuerst schoss das Militär auf sein eigenes Volk. Ich weiß nicht mehr, wie lange es dauerte, bis auch das Militär endlich die Seiten wechselte und gegen die „securitate", also den damaligen Geheimdienst kämpfte, aber es war zum Glück nur eine Frage von wenigen Tagen wenn nicht sogar wenigen grausamen Stunden, bis auch das Militär sich auf die Seite der Bürger:innen schlug. Ab jetzt lief der Fernseher bei uns von morgens bis abends und hielt uns auf dem Laufenden. So erfuhren wir auch, dass der Diktator gestürzt worden war, sich samt Frau und Söhnen aus dem Staub gemacht hatte, und nun mit allen verfügbaren militärischen Mitteln gesucht wurde.

Es gibt mehrere Ereignisse, die ich in der Chronologie nicht richtig auseinanderhalten kann, weil die Erinnerung an diese Tage sich wie ein großer emotionaler Klumpen aus Trauer, Angst und Hoffnung auf etwas Neues und Besseres anfühlt. Es passierten verrückte Dinge, die den Horizont unseres kleinen abgelegenen Dorfes ganz plötzlich auf eine bedrohliche Art öffneten. Eines Tages fuhr eine Kolonne von Panzern durch unser Dorf. Mit ihrem massiven Gewicht zerstörten sie den sowieso schon von Schlaglöchern gespickten und notdürftig geflickten Straßenbelag. Aber das war in diesem Moment natürlich nebensächlich. In und auf den Panzern saßen Soldaten, und da mittlerweile klar war, dass sie uns beschützen und nicht töten würden, liefen die Dorfbewohner in ihre Häuser, schnürten Päckchen mit Brot, Wurst und Resten vom selbst gebackenen Weihnachtskuchen und warfen sie den Soldaten auf ihren Panzern zu. Noch heute bescheren mir diese Erinnerungen Gänsehaut. Die Freude der Soldaten war enorm und die Menschen hatten so das Gefühl, etwas zur Befreiung von der Diktatur beitragen zu können.

Eine andere verrückte Erfahrung blieb mir in diesen ungewöhnlichen Tagen leider auch nicht erspart. Wir wurden benachrichtigt, dass ein großes Paket mit Lebensmitteln auf der Poststelle in Arad auf uns wartete. Es war das letzte Mal, dass meine Oma uns ein Paket aus Deutschland schicken sollte, was wir zu dem Zeitpunkt aber noch nicht wussten. Meine Mutter und ich machten uns mit unserem Auto, einem beigefarbenen Dacia, auf den Weg in die Stadt. Der Plan meiner Mutter hieß: „Wir fahren zur Post, du wartest im Auto, ich hole schnell das Paket und wir fahren wieder heim!" Als Plan nicht verkehrt, nur war ihr leider nicht klar, dass genau am Arader Bahnhof, neben dem sich das große Postgebäude befand, wenige Minuten nach unserer Ankunft gekämpft werden sollte. Die Wände des Bahnhofes waren bereits durchlöchert, aber zum Zeitpunkt unserer Ankunft fielen gerade keine Schüsse. Gegen jede Vernunft entschied meine Mutter, mich im Auto sitzen zu lassen und trotz aller Gefahr selbst in das Postgebäude zu laufen, um das angekündigte Paket zu holen. Plötzlich hörte ich Schüsse fallen. Ich litt unvorstellbare Todesangst um mich und um sie. Ich duckte mich in den Fußraum des Beifahrersitzes und wartete voller Panik. Aus dem Nichts erschien plötzlich der Kopf eines fremden Mannes mit schwarzem Schnurrbart im Fenster der Fahrerseite. Ich dachte, dass er mich erschießen werde und erstarrte in meiner Angst. Er sagte aber, dass meine Mutter ihn geschickt habe,

um nach mir zu sehen, und dass ich mir um sie keine Sorgen machen solle, weil sie in Sicherheit sei. Genauso plötzlich und geisterhaft, wie er am Fenster aufgetaucht war, verschwand er wieder. Ich weiß nicht mehr, wie lange ich auf meine Mutter wartete. Irgendwann kam sie schnellen Schrittes, ein großes und schweres Paket schleppend und in Begleitung einer Nachbarin und Verwandten. Sie waren sich in der Post begegnet und meine Mutter hatte ihr selbstverständlich angeboten, sie mit nach Hause zu nehmen. Ich war überglücklich, dass ich meine Mutter wieder hatte. Unsere Nachbarin sprang schnell auf den Rücksitz und die beiden Erwachsenen überlegten gemeinsam, welches der sicherste Weg durch die Stadt nach Hause sein würde. Völlig aufgewühlt fuhren wir los und mussten bald feststellen, dass dies nicht der letzte Schrecken für diesen Tag bleiben sollte.
Meine Mutter versuchte über ungewöhnliche Umwege der Stadt zu entfliehen. In einer mir bis dahin unbekannten Seitenstraße wurden wir plötzlich von mehreren Soldaten gestoppt, die mit schnellen Schritten auf uns zu kamen und ihre Maschinengewehre drohend auf uns richteten. Unsere Verwandte auf der Rückbank begann zitternd laut das Vaterunser zu beten und ich erstarrte ein zweites Mal an diesem Tag vor unfassbarem Schreck. Ich weiß nicht mehr, ob und was ich überhaupt in diesen Momenten dachte. Ich kann mich nur an die Starre erinnern, die meinen Körper in Be-

schlag nahm. Die Soldaten kamen immer näher und hatten anscheinend vor, sich ein Bild von der Bedrohlichkeit der Insassen unseres Autos zu machen. Als sie schließlich vor uns standen, öffnete meine Mutter das Fenster und sie beschlossen, dass wir wohl keine Bedrohung waren. Nichtsdestotrotz durchsuchten sie noch unseren Kofferraum, bevor sie uns weiterfahren ließen. Meine Mutter entnahm dem Lebensmittelpaket ein Pfund Kaffee und schenkte es den Soldaten – wir waren schließlich daran gewöhnt, bei Ärzten, Amtsbesuchen und sonstigen offiziellen Terminen Kaffeepäckchen und Zigarettenstangen gegen eine gute Behandlung zu tauschen. Unendlich erleichtert setzten wir unseren Weg fort. Irgendwie schaffte es meine Mutter mit ganz viel Nervenstärke, die restlichen fünfzehn Kilometer nach Hause zu fahren. Ich kann mich zwar nicht mehr an den Rest des Heimwegs erinnern, aber umso deutlicher an den Moment, in dem wir in unserem Hof, zu Hause, ausstiegen. Gerettet! Erst allmählich wurde uns klar, in welch lebensbedrohlicher Situation wir uns befunden hatten. Ein wahrhaft beklemmendes Gefühl.

Nach der erfolgreichen Befreiung vom diktatorischen Regime öffneten sich die Grenzen Rumäniens und die meisten der dort lebenden Deutschen sahen die lang ersehnte Möglichkeit zur Ausreise nach Deutschland gekommen. Meine ganz kleine, große Welt löste sich nach und nach unaufhaltsam auf. Mehr und mehr wurde mein Dorf zu einer Art Geisterdorf, als wollte es sich eine Filmkulisse verwandeln. Jeden Tag hörte man davon, dass eine weitere Familie sich aus der Gemeinschaft verabschieden würde oder sich schon verabschiedet hatte. Verwandte, Bekannte und Nachbarn trafen sich ein letztes Mal in dem Haus der Abreisenden, um sich zu verabschieden. Es wurde gemeinsam gesungen, manchmal über gemeinsam Erlebtes gelacht, aber hauptsächlich zusammen geweint und sich Glück, Gesundheit und Erfolg gewünscht. Die dramatischen Texte der alten Lieder „Nun ade du mein lieb Heimatland“ und „Wahre Freundschaft“ trugen ihren Teil zur herzzerreißenden Stimmung bei. Die anstehende Trennung fiel schwer. Manche Familien verschwanden, ohne sich zu verabschieden, waren einfach von einem Tag auf den anderen weg. Alle packten Hals über Kopf die nötigsten Dinge oder das, was sie dafür hielten, in Holzkisten und Koffer und versuchten, schnellstmöglich nach Deutschland auszureisen. Nichts wie weg! Als ob der Teufel hinter ihnen her war. In unseren Kisten landeten Handtücher, Bettwäsche, Daunendecken und Kopfkissen, Töpfe, Pfannen und Geschirr, die beste Kleidung, alte Familienfotos und zur Sicherheit – denn man weiß ja nie, was einen in der Fremde so erwartet und wie sehr man sie noch brauchen kann – ein paar Heiligenbildchen und alte Gebetsbücher. Viele ließen in der nahe gelegenen Stadt Arad ein paar Ölbilder anfertigen, auf denen Szenen aus dem Dorfleben abge-

bildet waren – in der vorausschauenden Hoffnung, ein Stück Heimat mitnehmen zu können: Tiere auf der Weide, ein altes Lehmhaus und kleine Kinder, die unbeschwert in der Natur spielen. Dicke Bilderrahmen, die goldfarben angemalt waren, sollten die Bedeutung der Gemälde hervorheben. Wie um Himmels Willen sollten 200 Jahre Geschichte in ein paar Holzkisten passen, ohne sich selbst zu verraten? Und was davon würden wir in der neuen Welt wirklich brauchen? Diejenigen, die schon seit mehreren Jahren in Deutschland lebten, gaben uns Tipps. Wir gaben die großen Holzkisten, die fast so groß waren wie unser Esstisch, bei der Post auf und schickten sie Richtung Deutschland, in der Hoffnung, dass unser Hab und Gut den richtigen Weg zu uns zurück finden möge. Ich kann mich noch genau daran erinnern, wie eine dieser Kisten von meiner Mutter befüllt wurde. Zwischen Hoffen und Bangen sah ich dabei zu und wagte kaum zu sprechen, weil ich die hohe Anspannung bei den Erwachsenen spürte.
Unsere letzten Möbel wurden verkauft und von ihren neuen Besitzern auf einen alten Planwagen geladen, der von Pferden gezogen wurde. Als ich ihnen hinterher sah, war ein Teil von mir nicht ansatzweise in der Lage, das Geschehen zu verstehen oder einzuordnen. Ich sah nur ohnmächtig mein Leben auf einem alten Pferdewagen mit klapprigen Rädern davonfahren. Die Unwirklichkeit und Unfassbarkeit dieser Erfahrung kann ich kaum in Worte fassen. Meine Eltern und Großel-

tern versuchten alles, was irgend möglich war, in Geld umzuwandeln. Dadurch, dass viele Menschen gleichzeitig ihr Haus loswerden wollten, und das möglichst schnell, konnte man unsere Häuser ganz plötzlich zu erschreckend niedrigen Preisen kaufen. Meine Oma weinte, weil sie ihr geliebtes Elternhaus für fünfundsechzigtausend Lei verkaufen musste, was nicht viel Geld für ein Haus war. Für dieses Geld kauften wir uns in dem damals größten Kaufhaus in der Stadt genau eine teure Deckenlampe, die wir in einer der Holzkisten nach Deutschland schickten.

Wir wurden von Verwandten, die bereits in Deutschland lebten, mit zwei Autos abgeholt. Am Tag der Verabschiedung fanden wir noch einen halben geräucherten Schinken und ein paar selbst gemachte Würste in unserer alten Speisekammer. Wir hängten sie auf unseren hölzernen Gartenzaun und baten die Nachbarn, die zur Verabschiedung kamen, sie doch bitte mitzunehmen. Unsere beiden Hunde hatten wir schon tränenreich den neuen Besitzern übergeben.

Es scheint mir unmöglich, die Dimension dieses Momentes in Worte zu fassen. Welche Worte müsste ich nutzen oder sogar erfinden, um meine Erfahrung auszudrücken: unmöglich, unfassbar, skurril, eigentlich nicht machbar, traurig, erschreckend?

Wir umarmten unsere Nachbarn, setzten uns in die wartenden Autos und fuhren aus unserer Einfahrt, unserer Straße, unserem Dorf, unserem Leben.

Die Einzelheiten der Landschaft meiner Hauptstraße zogen nach und nach an mir vorbei. Mehr oder weniger schiefe Hausfassaden, eine Schar Gänse, Obstbäume in ihrer vollen Blüte, Menschen, die sich um ihre Tiere und Alltagsgeschäfte kümmerten, als wäre nichts geschehen. Dabei ging meine Welt doch gerade unter. Ich versuchte, die Einzelheiten aufzusaugen. Was würde mich erwarten in der neuen Welt? Wann und wie überhaupt würde ich Freund:innen finden? Wie würden meine zukünftige Schule und deren Lehrer:innen aussehen? Wo würden wir einkaufen, womit und wo sollten wir wohnen?

Ich ließ meine vertraute und vorhersehbare Umgebung immer weiter zurück, meine Freundinnen, meine erste große Liebe, meine Haustiere, meinen Garten und mein Leben insgesamt und saß nun gemeinsam mit meinen Großeltern väterlicherseits in einem Auto auf dem Weg nach Deutschland. Meine Oma weinte, mein Opa und ich sprachen kein Wort. Die Stimmung war extrem emotional aufgeladen und von Trauer, Zukunftsangst und Zweifeln durchtränkt. Hinfort waren die optimistischen und paradiesischen Bilder vom leichteren Leben in Deutschland, wo es, wie uns gesagt wurde, immer alles zu kaufen und die besseren Ärzte gab, die man nicht bestechen musste, um gut behandelt zu werden. Diese Hoffnung und Mut machenden Dinge wurden uns von Bekannten aus dem Dorf erzählt, die schon in

Deutschland lebten und meistens einmal im Jahr nach Traunau zu Besuch kamen. Zweifellos alles richtig, aber in dem Moment fragten wir uns, glaube ich, alle, was wir da eigentlich taten und ob sich das wirklich lohnte. Zwei Autos, voll beladen mit Bedenken und Zweifeln. Aber es gab für uns kein Zurück mehr.

Auf dem langen und nicht enden wollenden Weg nach Deutschland saß ich mit meinen Großeltern eingepfercht auf dem Rücksitz des Autos und irgendwann nachts schlief ich ein. Das vordere Auto, in dem meine Eltern saßen, hatten wir irgendwann nach der ungarisch-slowakischen Grenze aus den Augen verloren, aber beide Fahrer kannten den Weg und so wähnten wir uns alle in Sicherheit. Währenddessen näherten wir uns der Grenze zwischen der damaligen Tschechoslowakei und Bayern und das Auto hielt plötzlich an. Als ich die Stimme des Grenzbeamten hörte, wurde ich wach und hob den Kopf, der bis dahin an der rechten Autowand gelehnt hatte. Mein Pass war bei meinen Eltern im Auto! Wir konnten ihn nicht vorzeigen, wurden ohne aber auch nicht über die Grenze gelassen. Meine Großeltern und ich mussten aussteigen und wurden in eine Art Warteraum begleitet, in dem sich ein großer Tisch befand. Was war nur los mit meinem Leben? Ich geriet andauernd in absurde und völlig abgefahrene filmreife Situationen, die mir bedrohlich vorkamen. Der Grenzbeamte richtete nämlich die ganze Zeit ein Maschinengewehr auf uns, als wären ein vierzehnjähriges Mädchen, seine Großmutter und deren überforderter Mann eine ernstzunehmende Gefahr für ihn oder seinen Staat. Meine Oma fing in ihrer Verzweiflung an, das Vaterunser zu beten. Unser Fahrer fuhr ohne uns weiter Richtung München, wo meine Eltern zwischenzeitlich angekommen waren und sich um uns sorgten. Jemand kam mit meinem Pass zurück an die Grenze und wir durften diese nun endlich passieren. Meinen Start in Deutschland hatte ich mir irgendwie ganz anders vorgestellt…

...und ein Versuch von Ankommen

Endlich bei der Verwandtschaft angekommen, machten sich meine Cousinen als erstes über meine Frisur und meine Kleidung lustig. Beides sah eben sehr nach Ostblock aus und das bekam ich rasend schnell und sehr schmerzhaft zu spüren.

Nach einem zweitägigen Aufenthalt bei unseren Verwandten wurden wir in eine Aufnahmestelle nach Nürnberg gefahren und von dort mit dem Bus in ein Übergangslager nach Schöppingen gebracht. Dort wurden meine Großeltern, meine Eltern und ich in ein Mehrbett-Zimmer einquartiert, das wir uns mit zwei weiteren Personen, einem Geschwisterpaar, teilten. Ich sollte meinen Schlafplatz auf einem der Hochbetten im Zimmer bekommen, gleich rechts hinter der Tür. Tage zuvor hatten wir noch in unserem eigenen Haus geschlafen, in unserem Dorf gewohnt und selbstbestimmt unser eigenes Essen gegessen. Essen gab es jetzt in der

Kantine aus einer großen Kelle auf den Teller geklatscht und die Sachbearbeiter fragten uns vor allem andauernd: „Wieso sprechen Sie so gut deutsch?“ Ich verstand die Frage nicht. Wieso sollte ich der deutschen Sprache nicht mächtig sein? Es war eine völlig irre Situation und fühlte sich so gar nicht nach dem gepriesenen Schlaraffenland an. Ich fühlte mich hundeelend. Ich hatte von einem auf den anderen Tag keine Freundinnen, keinen Freund, keine Schule und keine Privatsphäre mehr und wohnte sechs Wochen lang mit völlig fremden Menschen in einer Art Sammellager für gestrandete Menschen.

Von meiner Großmutter mütterlicherseits, die mit meinem Opa schon seit vielen Jahren in Bremen lebte, bekamen wir Taschengeld und damit kauften wir uns hauptsächlich Essen im Supermarkt. Ich kann mich noch sehr genau an meinen ersten SupermarktBesuch in Deutschland erinnern. Zusammen mit meiner Mutter stand ich orientierungslos in einem, wie ich jetzt weiß, sehr kleinen Supermarkt, der mit unzähligen Wurst- und Käsesorten vollgestopft war. Soviel Überfluss hatte ich noch nie gesehen und fragte mich, ob wohl jemand schon sämtliche Sorten probiert hatte? Wir hatten überhaupt kein Gefühl dafür, welche Lebensmittel teuer oder günstig waren und gaben unser Taschengeld völlig sinn- und orientierungslos nach dem Lustprinzip aus. Wir ernährten uns in den ersten Wochen in Deutschland von Weißbrot, roter Paprika,

Frischkäse und Salami. Das Essen in der Unterkunft war gut gemeint, aber nicht genießbar für uns, die wir vor wenigen Tagen noch unser selbst zubereitetes Essen mit Gemüse aus unserem Garten und Fleisch von unseren Tieren gegessen hatten.

Nachdem wir unser Dasein in Schöppingen gefristet, oder besser gesagt gefrustet hatten, wurden meine Eltern und Großeltern in eine Unterkunft nach Osnabrück-Bramsche gebracht und wenige Tage später weiter nach Bremen, unserem eigentlichen Ziel. Ich durfte aus Schöppingen direkt zu meinen Großeltern mütterlicherseits ziehen. Diese erwarteten uns schon sehnsüchtig. Meine Oma mütterlicherseits, deren Vater nach dem zweiten Weltkrieg in Deutschland eine andere Frau geheiratet hatte und im Jahr 1982 verstorben war, war anlässlich seiner Beerdigung nach Deutschland gefahren und in Bremen geblieben, mit der Absicht ihren Mann und uns nachzuholen. Die meisten rumänisch-deutschen Aussiedler wollten eher Richtung Süden, in die Nähe von Stuttgart oder München, wir waren somit eine Ausnahme. In Bremen quartierte man meine Eltern und Großeltern väterlicherseits erst einmal wieder in einem Übergangswohnheim ein, das sich glücklicherweise ganz in der Nähe des Wohnortes meiner Großeltern befand. Immerhin bekamen meine Eltern und meine Großeltern jeweils ein Zimmer zugewiesen. Es gab eine Gemeinschaftsküche und ein Gemeinschaftsbad.

Ich kam aus einer naturnahen, grünen Umgebung und wohnte jetzt in einer Zwei-Zimmer-Wohnung eines grauen neunstöckigen Hochhauses im Bremer Stadtteil Osterholz-Blockdiek. Das Wohnzimmer wurde abends zu meinem neuen Schlafzimmer. Einsam und traurig wegen meines verlorenen Lebens und zu dem Zeitpunkt noch völlig ohne Perspektive, sah ich zur Ablenkung möglichst viele Sendungen des deutschen Fernsehens und meine Oma, die es gut meinte, und jetzt ihre Chance gekommen sah, die verlorenen Jahre nachzuholen und ihre Enkelin endlich zu verwöhnen, kaufte mir viele ungesunde Lebensmittel wie Sahnetorten, Schokolade und Süßigkeiten in allen Farben. Das führte vor allem dazu, dass ich zum ersten Mal in meinem Leben mehr Gewicht hatte, als mir lieb war. Da saß ich nun plötzlich vierzehnjährig in einer fremden Welt und musste mich wohl oder übel neu erfinden.

Wenige Monate später bekamen wir von der Wohnungsgesellschaft unsere erste Drei-Zimmer-Wohnung zugewiesen. An die Decke des Wohnzimmers hängten meine Eltern die besagte Lampe aus Rumänien und sagten manchmal spaßeshalber: „Guck mal, hier hängt unser Haus." Ich hatte zum ersten Mal ein eigenes Zimmer. In unserem Haus in Rumänien hatte ich immer mit meinen Eltern in einem Zimmer schlafen müssen. Mit meiner Mutter und meiner Oma mütterlicherseits suchte ich mir im Möbelhaus schwarz-graue Möbel dafür aus und kam mir sehr modern und cool dabei vor. Im Kel-

ler meiner Großeltern fand sich noch ein alter Schwarzweißfernseher ohne Fernbedienung, den ich benutzen durfte. Welch ein ungewohnter Luxus – ein Fernseher nur für mich allein!
Meine Mutter fand Arbeit als Reinigungskraft in einem großen Bremer Krankenhaus. Wegen ihrer gewissenhaften Arbeitsweise und ihres Engagements wurde sie zur Vorarbeiterin und später auch zur Objektleiterin befördert. Mein Vater wurde, wie schon in Rumänien, wegen seiner nie endgültig geklärten gesundheitlichen Probleme als arbeitsunfähig erklärt und erhielt eine Rente. Mit diesem Geld und der Unterstützung meiner Großeltern mütterlicherseits kauften meine Eltern wenige Jahre später eine Eigentumswohnung und wir zogen wieder um, diesmal nur ein paar Straßen weiter.

Die ersten drei Jahre in Deutschland habe ich mich insgesamt schrecklich einsam gefühlt. Eines Tages ging meine Mutter mit mir in meine zukünftige Schule und wir wurden in das Lehrerzimmer geführt. Ein Lehrer, der sich später als mein Englischlehrer herausstellen sollte, begrüßte uns und fragte freundlich, aber in Eile, nach meinen alten Schulleistungen. Meine Mutter verkündete voller Stolz: „Ja, sie hatte sehr gute Noten in Rumänien!“ und der Lehrer verfrachtete mich kurzentschlossen in die neunte Klasse des gymnasialen Zweiges des Schulzentrums „Im Ellener Feld“ in Bremen. Dabei hatte ich in Rumänien die achte Klasse noch gar nicht beendet. Es wunderte mich, dass sich hier keiner für meine alten Zeugnisse interessierte, aber ich freute mich, die achte Klasse nicht wiederholen zu müssen.

Im Juni des Jahres 1990 kamen wir in Bremen an, rechtzeitig zu Beginn des neuen Schuljahres in meiner neuen unbekannten Schule voller verwirrender Abzweigungen und orangefarbener Flure, in der ich drei mehr oder weniger einsame Jahre verbringen sollte.

Schule war plötzlich völlig anders. Ganz anders: der Umgang zwischen Lehrer:innen und Schüler:innen, das Bewertungssystem, die Dinge, für die man gelobt wurde oder auch nicht, die anderen Kinder, der Umgang zwischen Jungs und Mädchen und die Dinge, die mit vierzehn Jahren gerade angesagt waren. Ich merkte schnell, dass ich zu den Nicht-Coolen gehörte. Ich sah anders aus und sprach anders als meine Mitschüler:innen. Begriffe wie „cool" und „geil" kannte ich nicht. Meine Kleidung und Frisur versprühten den Charme des Ostblocks und auch wenn ich die deutsche Sprache zur allgemeinen Verwunderung beherrschte, konnte ich keinen norddeutschen Jugend-Slang sprechen und hatte ein auffällig gerolltes „R" aus Rumänien mitgebracht. Ich war über Nacht zur kompletten Außenseiterin ohne Freunde geworden. Ich verstand schmerzhaft, dass ich wohl auf eine andere Art deutsch sein musste, als man es hier in Deutschland war. Ich fühlte mich hintergangen. Man hatte mir erzählt, wir seien deutsch, aber nun, mitten in Deutschland, fühlte ich mich fremd. Aber wie sollte ich mich jetzt neu erfinden, ohne meine Herkunft verleugnen oder negieren zu müssen? Würde das immer so bleiben, dass man mir meine Herkunft ansah? Und wenn ja, wie sollte ich jemals glücklich werden und dazugehören können? Wie sollte ich hier jemals aus meiner elenden Einsamkeit herausfinden? Wie sollte ich zu Hause sein, ohne zu Hause zu sein? Ängste und Selbstzweifel plagten mich.

Schon den Umgang zwischen Schüler:innen und Lehrer:innen musste ich erst neu erlernen. In Rumänien waren Lehrer:innen Menschen, denen man Gehorsam schuldig war. Hier diskutierten meine Mitschüler:innen mit ihnen, vertraten und begründeten ihre Meinung und ich staunte erst mal große Bauklötze über die zum Teil respektlosen Umgangsformen. Während die Unterrichtsinhalte in Rumänien hauptsächlich dazu da waren, um von uns wiederkäuend reproduziert zu werden, war es hier erklärtes Ziel, die Schüler:innen zum Nachdenken zu bewegen, sich eine eigene Meinung zu bilden und diese zu vertreten. Ach so – die eigenen Gedanken und der möglicherweise daraus resultierende Widerspruch waren also das erklärte Ziel und nicht etwas, wofür eine Strafe zu erwarten war. Obwohl das an sich ja wertvoll war, musste ich mich erstmal daran gewöhnen.

Ich war in Rumänien das, was man „gut in der Schule“ nennt und musste hier von vorne anfangen. Mein ehemaliger Ruf als gute Schülerin war offenkundig nicht mit mir ausgewandert und ich konnte in dieser neuen fremden Welt nicht nahtlos daran anknüpfen. Erst mal sackten meine Schulleistungen ab und meine Stimmung wurde immer schlechter. Ich schlug mich durch, aber mein Selbstvertrauen sank ins Bodenlose. Jetzt war ich nicht nur erbärmlich einsam, sondern konnte mich nicht mal mehr auf meine Fähigkeiten als erfolgreiche Schülerin verlassen.

Der Tiefpunkt meiner neuen Schullaufbahn sollte aber erst noch kommen. Wir sollten in Deutsch einen Aufsatz schreiben und mein Aufsatz war anscheinend so gut, dass mein Deutschlehrer den Verdacht hatte, ich hätte ihn irgendwo abgeschrieben. Ich war enorm verletzt und gedemütigt. Ich dachte zurück an die Anerkennung, die ich in Rumänien für meine schulischen Leistungen erhalten hatte, gerade auch im Deutschunterricht. Als Siebtklässlerin hatte ich im Frühjahr 1989 mit einem Aufsatz an einem Schreibwettbewerb teilgenommen, der so genannten Deutsch-Olympiade. Die ersten beiden Runden auf Ebene der Schule und Kreisebene hatte ich gewonnen. Zum Landesentscheid in einer fast 700 Kilometer entfernten Stadt am anderen Ende Rumäniens begleitete mich damals mein Deutschlehrer. Am Ende gewann ich auf Landesebene den dritten Preis. Und plötzlich wurde mir in Bremen nicht mehr zugetraut, einen dreiseitigen Aufsatz schreiben zu können? Ich fühlte mich nur noch wie ein Schatten meiner selbst und fing an, mich mit Essen zu trösten. Sahnetorten, Brötchen mit Schaumküssen, die man am Schulkiosk kaufen konnte, Saft, Cola und vieles mehr, das viel Zucker und Unmengen an Fett enthielt. Zum ersten Mal in meinem Leben hatte ich Übergewicht, was dem Selbstwertgefühl meines mittlerweile fünfzehnjährigen Ichs nicht gerade zuträglich war. Zumindest im allgemeinen Bestreben, in den Pausen ein sogenanntes „Matschbrötchen", wie wir die Roggenbrötchen mit Schaumküssen liebevoll nannten, am Schulkiosk zu ergattern, waren wir uns einig und ich konnte mich als Teil einer Gemeinschaft empfinden.

Wenn ich damals gedacht hatte, dass es noch schlimmer als die Zweifel meines Deutschlehrers an meinem Aufsatz nicht kommen konnte, so sollte ich bald eines besseren belehrt werden. Da ich in Rumänien zwar offiziell Latein, aber faktisch keinen Unterricht in diesem Fach hatte und die Note im Zeugnis völlig an den Haaren herbeigezogen gewesen war, saß ich plötzlich in der neunten Klasse des gymnasialen Zweiges in richtigem Lateinunterricht und verfügte nicht mal über Grundkenntnisse. Eines Tages, als der Sommer und das Ende des Schuljahres nahten, bekam ich einen Anruf von einem meiner Lehrer. Er verkündete mir die unfassbare Nachricht, ich müsse das Schuljahr wiederholen, weil ich wegen fehlender Latein-Kenntnisse nicht versetzt werden könne. Ich fühlte mich ein weiteres Mal unglaublich gedemütigt und verlor endgültig jede

Hoffnung, in Deutschland jemals wieder auf die Füße zu kommen. Ich ging nach den Sommerferien also zum zweiten Mal in die neunte Klasse und es stellte sich heraus, dass dies nicht die schlechteste Idee gewesen war. In der neuen Klasse lernte ich drei Mädchen kennen, die aus unterschiedlichen Gründen ebenso die Außenseiter-Rollen der Klassengemeinschaft besetzten und gewann zum ersten Mal in Deutschland so etwas wie Freundinnen. Zumindest fühlte ich mich ab da nicht mehr so ganz alleine in der großen neuen Welt.
Vieles war mir jedoch noch fremd und ich war zögerlich bis ängstlich in meinen eigenen Annäherungsversuchen und darin, die Annäherungsversuche der anderen Mädchen zuzulassen. Einer der Gründe war, dass ich feststellte, dass hier auch Mädchen Alkohol tranken und das machte mir Angst. Nach jedem Wochenende prahlten sie mit ihrem exzessiven Alkoholkonsum. Ich stellte mir vor, wie ich ebenso betrunken und hilflos in fremden Wohnungen oder Kneipen rumliegen musste, um in der Gruppe meiner Gleichaltrigen Anerkennung zu finden und verzichtete lieber auf das Dazugehören. Bei uns in Rumänien brüsteten sich nur die Jungs nach dem Wochenenden damit, auf der Party bestimmt der Betrunkenste von allen gewesen zu sein. Hier taten das auch die Mädchen. Einmal ließ ich mich auf ein Abenteuer ein und kaufte mir mit meinen beiden Klassenkameradinnen eine Dose Bier. Mal abgesehen davon, dass es mir nicht schmeckte, kam ich

mir unglaublich verwegen und erwachsen damit vor. Auch in Discos traute ich mich leider nicht, was ich im Nachhinein etwas bereue.

In der zehnten Klasse mussten wir ein mehrwöchiges Praktikum absolvieren. Ich suchte mir einen Praktikumsplatz in einer Kindertagesstätte in der Nähe meines Wohnortes, so dass ich jeden Morgen hinlaufen konnte. Ohne es bewusst geplant zu haben, legte ich damit den Grundstein für meine zukünftige Berufswahl. Mit Kindern zu arbeiten, machte mir sehr viel Freude und von den Erzieherinnen wurde ich für meine Arbeit gelobt. Ich schöpfte plötzlich etwas Hoffnung, es könnte ein Plätzchen in der Berufswelt für mich geben und verfolgte ab da mein Ziel, mit Kindern zu arbeiten. Von der Anerkennung und den positiven Erfahrungen in meinem ersten Praktikum ermutigt und hoffnungsvoll gestimmt, entschloss ich mich nach der zehnten Klasse, kein Abitur zu machen, sondern die Erzieherausbildung zu beginnen. Weitere drei Jahre bis zum Abitur in der Schule zu verbringen und danach noch weitere vier Jahre zu studieren hätte bedeutet, dass ich noch viel zu lange von meinen Eltern wirtschaftlich abhängig gewesen wäre und zu Haus hätte wohnen müssen. Das war keine schöne Vorstellung, denn ich fühlte mich zu Hause nicht wohl. Es war mir zu eng und ich wollte meine Freiheit auskosten und meine Unabhängigkeit und meinen eigenen Lebensstil finden. Meinem damaligen Klassenlehrer gefiel das nicht, und er versuchte, mich dazu zu überreden, die Hochschulreife zu machen. Mein Entschluss stand jedoch fest und daran war nicht mehr zu rütteln.

Im Sommer 1993 begann ich an der Fachschule für Sozialpädagogik in Bremen meine Ausbildung zur Erzieherin und beendete den theoretischen Teil im Sommer 1996, bevor ich aus Bremen wegzog. In der neuen Schule fühlte ich mich sehr schnell sehr willkommen und zugehörig. Dass die neue Klassengemeinschaft sich ausschließlich aus „Neuen" zusammensetzte, die sich erst zu einer Gemeinschaft entwickeln mussten, kam mir sehr entgegen. Zum ersten Mal waren alle genau so fremd wie ich. Zum ersten Mal gewann ich echte Freundinnen und begann, mich privat mit ihnen zu treffen. Drei Jahre nach meiner Ausreise und mit knapp achtzehn Jahren wurde mein Lebensgefühl optimistischer und ich begann, mich in meiner neuen Welt heimisch zu fühlen. Die Unterrichtsinhalte sagten mir sehr zu, es ging vor allem um die Auswirkungen von sozialen Umständen und Erziehung auf Kinder. Das war ein gefundenes Fressen für mich und genau das, was ich dringend gesucht hatte, um Wertvolles über mich selbst und meine Herkunft zu verstehen und mich weiterentwickeln zu können. Zusätzlich war ich in der Klassengemeinschaft keine Außenseiterin mehr, ich hatte wieder Freundinnen und eine Perspektive auf die lang ersehnte Unabhängigkeit. So begann mir mein Leben endlich

wieder zu gefallen. Ich schöpfte Hoffnung auf einen passenden Platz in der neuen Welt.
Zum Tanzen ging ich nach wie vor nicht aus. Ich weiß nicht genau, was mich wirklich davon abhielt. Hatte ich Angst davor, als verklemmt zu gelten, weil ich keinen Alkohol trank? Wollte ich etwaigen möglichen Konflikten mit meinen Eltern aus dem Weg gehen, war es mir zu schade, Geld dafür auszugeben? Ich entschied mich auf jeden Fall dafür, zu Hause zu bleiben und zu lesen oder fernzusehen.

Ich wohnte bis zum August 1995 bei meinen Eltern. In diesem Monat zerstritt ich mich mit meinem Vater so heftig, dass ich zu meinen Großeltern zog. Mein Vater, voller traditioneller konservativer Vorstellungen, ließ mir aus Angst, die Kontrolle über mich und meinen Lebenswandel zu verlieren, keinen Freiraum. Er verlangte eine völlige Anpassung an seine Werte und duldete keinen Widerspruch. Als begeisterte Leserin lieh ich mir viele Bücher aus – er wollte mir diese verbieten, vermutlich aus Angst davor, fremdes und für ihn unkontrollierbares Gedankengut könne in seine Familie Einzug halten. Er empfand jeden Widerspruch meinerseits als Kränkung und Auflehnung gegen seine Autorität als Vater. Zu sehr fürchtete er, dass seine Tochter ihm entglitt und er sie an diese bedrohlich liberale und unübersichtliche Welt verlor. Dabei war sein Kind schon längst „in den Brunnen gefallen." Ich hatte großen Gefallen an dem freigeistigen Gedankengut gefunden und erkannte in Deutschland meine Chance, den einengenden Vorstellungen meiner Familie als ewig dienende Tochter und Ehefrau zu entkommen. Getrieben von elterlicher und großelterlicher Sorge und Verlustangst um das einzige Kind und Enkelkind und der ebenso eigennützigen Absicht, im Alter umsorgt zu sein, versuchten alle auf ihre Art, mich in der Nähe zu halten und in ihrem Sinne zu beeinflussen. Ich hatte zu dem Zeitpunkt noch ein Jahr theoretische Ausbildung zur Erzieherin an der Fachschule zu absolvieren und konnte mich leider noch nicht selbstständig durchschlagen, da ich während der ersten drei Ausbildungsjahre kein Geld verdiente.

„Du bist doch unser Ein und Alles!" - „Wer kümmert sich denn um uns, wenn wir alt sind? Wir haben doch nur dich!" Schon als kleines Kind spürte ich die untragbare Last der familiären Erwartungen, die an mich gerichtet waren. „Wenn sie groß ist, wird sie bestimmt Ärztin. Sie ist doch so gut in der Schule." - „Also ich hätte gerne, dass sie Friseurin wird. Das ist keine schwere Arbeit", verkündete meine Oma väterlicherseits, die auf ihre Art wollte, dass ich es möglichst nicht schwer im Leben haben sollte. Ich war eine Art Messias, der meine Familie glücklich und stolz machen sollte. Sie hofften wohl unter anderem, dass sich dadurch auch ihre Probleme in Luft auflösen – oder zumindest auf magische Weise verbessern würden: die Gesundheit meines Vaters und das Unglück der Frauen über ihre Männer und das Leben allgemein. In den diffusen Dunst solcher Erwartungen hineingeboren zu werden, war in höchstem Maße belastend. Ich musste immer schon zwischen dem Gefühl, einerseits sehr wichtig und gewollt und andererseits doch irgendwie eine Enttäuschung für meine gesamte Familie zu sein, leben. Denn natürlich konnte ich sie nicht alle glücklich machen und musste mich für den Versuch, mein Leben auf meine Art zu gestalten, entscheiden. Ich entschied mich für die Befreiung. Ich wollte frei leben und ich dachte, wenn sie mich wirklich liebten, konnten sie mich doch nicht wirklich in einen Käfig voller Schuldgefühle einsperren wollen.

Jetzt war der Zeitpunkt gekommen. Bei einem Streit, den ich mit einer bewussten Provokation meines Vaters ausgelöst hatte, gab ich nicht mehr klein bei und beschloss, es müsse mit dem duckmäuserischen Verhalten ihm gegenüber vorbei sein. Es ging um politische Themen, bei denen er nun wirklich keinerlei Spaß verstand, aber ich würde für meine Meinung kämpfen. Meine Mutter ahnte, was kommen würde. Nie werde ich diese Szene vergessen. Sie lag schluchzend im Schlafzimmer. Ich verabschiedete mich von ihr. Ich nahm meine schon seit Tagen gepackte lila Reisetasche aus meinem Bettkasten und ging Richtung Tür. Mein Vater war überrumpelt von meiner Entschlossenheit. Ich ging zu meinen Großeltern mütterlicherseits, die ich vorher um Erlaubnis gebeten hatte, wieder ein Jahr bei ihnen wohnen zu dürfen, und kam zitternd vor Aufregung aber überzeugt von meinem Vorhaben, bei ihnen an. Erneut wurde ihr Wohnzimmer zu meinem Schlafzimmer und wieder wurde eine neue Kommode für meine Kleidung gekauft.

Obwohl meine Eltern nur zwei Straßen entfernt von mir wohnten, sprachen mein Vater und ich ein ganzes Jahr lang kein Wort miteinander. Meine Mutter sah ich immer, wenn sie zu meinen Großeltern kam oder wenn wir uns verabredeten. Von jeher hatte sie versucht, mich zum Gehorsam zu erziehen und mich oft als dickköpfig und stur ausgeschimpft, gleichzeitig einen gewissen Stolz in ihrer Stimme nie ganz unterdrücken können, wenn sie sagte: „Du bist stark. Du lässt dich nicht unterkriegen." Eine doppeldeutige Botschaft, mit der umzugehen mir manchmal schwer fiel. Ich musste so viel Kraft aufbringen, um mein Leben so zu leben, wie ich es wollte. Ich wünschte, ich hätte eine weniger anstrengende Art von Stärke entwickeln dürfen. Eine, bei der man sich nicht so viel zur Wehr setzen musste, bei dem Versuch, etwas völlig Natürliches zu tun, nämlich herauszufinden, was man möchte und sein Leben entsprechend zu gestalten.
Meine Mutter war seit meinem Auszug kreuzunglücklich und litt unter der Situation. Auf der einen Seite

stand ihre Tochter, der sie die Eigenständigkeit zwar gönnte, deren Nähe ihr aber gleichzeitig als seelische Stütze diente, und auf der anderen ihr nörgelnder Ehemann, der über die Situation der verloren geglaubten Tochter ärgerlich und unglücklich war. Sie hatte immer schon liberalere Einstellungen als mein Vater gehabt und litt unter seinen im wahrsten Sinne „konservierenden" Bestrebungen und Vorstellungen.

Nachdem ich mein letztes Ausbildungsjahr ordnungsgemäß und erfolgreich beendet hatte, zog ich nach Wiesbaden und wohnte mit meinem Freund zusammen, der später mein Mann und der Vater unserer beiden Töchter werden sollte. Er war gleichzeitig auch derjenige, von dem ich mich als Vierzehnjährige anlässlich unserer Ausreise tränenreich hatte losreißen müssen. Wir hielten nach der Ausreise den Kontakt zueinander und fanden wieder zusammen, nachdem er nur ein Jahr nach mir mit seinen Eltern und drei Geschwistern nach Deutschland gekommen war.

Vorher ging ich nochmal zu meinen Eltern und legte den Streit mit meinem Vater bei. In meiner Erinnerung war es kein versöhnendes Gespräch, aber ich glaube, schon alleine meine Bereitschaft, mich in seine Richtung zu begeben, hat etwas bewegt. Eine Aussprache gab es nicht. Aus lauter Verzweiflung hatte ich ihn eines Tages flehentlich gefragt: „Warum sprichst du eigentlich nicht mit mir?" Aber er verweigerte mir auch in diesem Moment den Zugang zu sich und drehte nur den Kopf weg. Damals fühlte ich mich so unendlich alleine gelassen von ihm – heute, Jahre nach seinem Tod, vermute ich, dass seine Unfähigkeit, mit Gefühlen angemessen umzugehen, hinter diesem verletzenden Verhalten steckte und kein Mangel an Liebe. Zumindest glaube und hoffe ich das.

Der Abschied von meiner Familie war aufwühlend. Ich legte meine gepackten Koffer in den großen Audi meines Freundes, der mich gemeinsam mit seiner Mutter abholte, und wir starteten in unseren neuen gemeinsamen Lebensabschnitt. Meine Eltern und Großeltern weinten und winkten mir alle hinterher. Es war diesmal ein gewollter, aber trotzdem für alle Beteiligten sehr schmerzhafter Abschied. In Wiesbaden und meiner großen Freiheit angekommen, litt ich zunächst sehr unter Schuldgefühlen darüber, so weit von meiner Familie weggezogen zu sein. Ihre verzweifelten Versuche, mich daran zu hindern, zeigten Wirkung. Wir kamen aus einer Welt, in der man sich den Eltern nicht widersetzte, sondern sich ihnen sein Leben lang verpflichtet fühlte. Ich verhielt mich anders und damit hatten sie nicht gerechnet. Ich fühlte mich wie das weiße und das schwarze Schaf der Familie gleichzeitig. Heiß geliebt und enttäuschend gleichzeitig.
Ein anstrengender Spagat!

Bin ich schon da?

Unser Haus, vor dem ich in meiner Erinnerung stehe, ist aus Steinen gebaut, die aus Lehm und Spreu gepresst wurden. Die Steine haben eine dunkle erdige Farbe und die Spreu darin ragt heraus, als wären es Tentakel eines vielarmigen Wesens, welches darin gefangen ist und sich befreien möchte.
Die Sonne scheint an einem Nachmittag im Juni und mein Großvater packt auf Drängeln seiner Frau die alte Sense aus, bringt sie mit einem Schleifstein in Form und senst unseren Innenhof. Seine Kappe, die ihn vor der prallen Sonne schützen soll, hängt etwas schief auf dem Kopf. Ich trauere um die vielen Gänseblümchen und frage ihn, ob er nicht ein paar stehen lassen könne. Womit soll ich sonst meine Kränze flechten, die ich mir schmückend und stolz um den Kopf legen möchte? Er lacht über meine kindlichen Sorgen, aber lässt mir natürlich kleine Blümchen übrig, weil er sowieso

und überhaupt immer meine Wünsche zu erfüllen versucht. Es duftet nach frisch gesenstem Gras und irgendwie auch nach meinem Opa und seiner alten, blauen Weste, die ihm so oft seinen schon viel zu abgearbeiteten Rücken wärmt.

Zaghaft ängstlich, aber entschlossen sehnsüchtig zugleich, gehe ich ins Haus: von der Wiese über den zementierten und schon löchrigen Gehweg, über drei Treppenstufen auf den veranda-ähnlichen Gang und in die Zimmer. Die Wände unserer Räume sind mit einer Art Mörtel verputzt und mit Kalk getüncht. Der Maler verziert sie alle paar Jahre mit bunten blumigen Mustern, die er mit einer Rolle, die er in möglichst geraden Bahnen von oben nach unten zieht, darauf verteilt. Ich kann ihm stundenlang dabei zuzusehen, wie er unsere Zimmer verschönert. Die Blumenmuster breiten sich immer weiter auf den weiß getünchten Wänden aus, als wäre jede neue Bahn ein glorreicher Sieg über die Langeweile und Kahlheit des darunterliegenden Weiß der Wandfarbe. Die Malerarbeiten könnten meinetwegen ewig dauern – für mich hat diese Verwandlung etwas Magisches und Tröstendes. Meine Eltern jedoch möchten, dass er möglichst schnell arbeitet, damit die Möbel wieder an ihren ursprünglichen Ort zurückkehren und unser Alltag wieder seinen gewohnten Lauf nimmt. Meine Mutter schimpft immer wieder darüber, dass sie gewohnte Gegenstände und Kleidungsstücke nicht fin-

det, weil sie nicht mehr weiß, wo sie diese beim Ausräumen der Zimmer hingelegt hat.
Das Haus ist gebaut wie der Wagen eines Zuges, der aus vier aneinandergereihten Abteilen besteht, die aber alle unterschiedlich aussehen. Abhängig von den Jahreszeiten erfüllen unsere Zimmer verschiedene Funktionen. Die unnahbare Königin der Zimmer, ganz vorne zur Straße hin, ist die Stube. Sie protzt damit, das schönste und gepflegteste Zimmer im Haus zu sein, versucht jedoch eine gewisse Traurigkeit darüber zu verbergen, dass sie gleichzeitig das unbelebteste aller Zimmer ist. Sie hat vier Fenster und alle werden meistens nur zum Fensterputzen geöffnet. Schade. Ein bisschen mehr frische Luft und mehr Sonnenstrahlen würden ihr gut tun. Wir bewahren unsere selbstgekochte Marmelade und das eingelegte Obst in der Stube auf. Im Schrank hängen meine Sonntagskleider und meine Oma bewahrt ihre alten, mit Samt besticken dunklen Sonntagsröcke im benachbarten Schrank auf. Sie liegen darin wie traurige Erinnerungen an eigentlich schon längst vergangene Zeiten, die ihrer Vergänglichkeit trotzen möchten. Auf dem Doppelbett liegt wie immer die dunkle bestickte Tagesdecke und darauf sitzt zur Dekoration eine große Puppe, die ein Brautkleid trägt. „Sie wurde deiner Mutter zur Hochzeit geschenkt“, höre ich die Stimme meiner Oma, „damit darfst du nicht spielen.“ Das macht die Puppe umso anziehender für meine kindliche Neugier und ich bettle: „Aber wenig-

stens ein bisschen?“ Das Zimmer hat etwas Morbides. Mir wurde erzählt, dass man früher die verstorbenen Familienmitglieder in der Stube aufbahrte, bevor sie nach ungefähr drei Tagen beerdigt wurden. Diese Bilder prägten sich hartnäckig in meine kindliche Phantasie-Welt ein und machten mir Angst. Ich versuchte, schon vor Betreten des Zimmers den Lichtschalter zu betätigen, um sicherzugehen, dass keine Leichen in Särgen auf mich warteten, wenn ich in die Stube geschickt wurde, um ein frisches Glas Marmelade vom Regal zu holen.

Die Stube hat keinen eigenen Eingang, man kann sie nur durch das daneben liegende Durchgangzimmer betreten, das mir und meinen Eltern als Schlafzimmer dient. Das macht sie noch unzugänglicher.

Im Schlafzimmer stehen dunkelbraune Möbel und zwei große Betten. Auf den Schränken und in der kleinen Vitrine stehen leere Seifen- und Pralinenschachteln, weil sie so schön bunt sind, Porzellanfiguren und das gute Geschirr. Der große grün-blau gemusterte Glasfisch steht auf dem alten Fernseher. Wo sollte er sonst auch stehen – da ist sein Stammplatz. Der blaue Teppich mit seinem weißen rautenförmigen Muster möchte auch nicht vergessen werden und zeigt stolz seine ebenso weißen Fransen, die ich als Kind gekämmt habe.

Neben unserem Schlafzimmer liegt die Kammer. Sie gehört meinen Großeltern und hat ebenso wie die Stube keinen Eingang von außen. Auch sie dient leider nur als Aufbewahrungsort für wertvolle Erinnerungsstücke aus vergangenen Zeiten: alte Bauernmöbel, Betten mit Strohsäcken, auf denen schon lange niemand mehr schläft, alte Gebetsbücher und eine große, alte Nähmaschine. Im alten Bauernschrank liegen in der Adventszeit die Plätzchen. Ich möchte schnell durchlaufen, doch sie fühlt sich vernachlässigt. „Halt! Warte! Weißt du noch – die alte Nähmaschine? Dreh dich doch noch mal um!“, ruft eine Stimme um Aufmerksamkeit flehend. Ich sehe meine Oma, wie sie die Schutzhülle von der Nähmaschine hochhebt und mich zur Maschine winkt. Sie möchte mir zeigen, wie man damit näht. Den rechten Fuß auf das Pedal und beide Hände führen den Stoff. „Nicht von der Pedale runtergehen. Und versuch gleichmäßig zu treten“, ermahnt sie mich. Das große Rad auf der rechten Seite hört auf das unerbittliche Kommando der Pedale und dreht sich seit ungezählten Jahren zuverlässig. Ich schlucke einen Anflug von Vermissen runter und gehe weiter.

Neben der Kammer befindet sich das Kellerzimmer, das meinen Großeltern als Schlafzimmer, im Winter auch als Küche und Wohnzimmer dient. Ich verbringe den größten Teil der Wintermonate in diesem Zimmer, mache dort meine Hausaufgaben, genieße die Wärme des Ofens, der mit Holz geschürt wird und auf dem meine Oma kocht. Das Kellerzimmer heißt so, weil ein Teil des Raumes unterkellert ist. Durch einen großen Holzdeckel, den man anheben muss, steige ich

in Gedanken auf mehr oder weniger morschen Holzstufen hinunter. Ein muffiger Geruch empfängt mich und freut sich über Besuch. War schon lange niemand mehr hier unten. In dem Keller wurden früher Kartoffeln gelagert, als die Feuchtigkeit sich darin noch nicht so unerbittlich breit gemacht hatte. Ich steige schnell wieder hinauf und sehe in der Ecke das alte Canapé stehen. Es weckt wärmende Erinnerungen. Mein Opa hält darauf seinen Mittagsschlaf und erzählt mir die Märchen vom Rotkäppchen und den sieben Schwänen, während ich auf der alten knarzenden Lehne sitze.
In dem Holzofen, über der restlichen Glut, grillt er mit mir Bratwurst und Speckstreifen, die auf einer großen, schweren Gabel aus Gusseisen stecken. Meine Oma schimpft über den Gestank. Mein Opa winkt ab und ermutigt mich zum Grillen, das Geschimpfe ist ihm egal. „Halt´ die Gabel etwas höher, sonst verbrennt die Wurst“, rät er. Ich weiß das, aber ich mag die verbrannten Stellen. Die Holzdielen ächzen mal freudig und mal schwermütig unter den erlebten Familiengeschichten: unter Freude beim Kartenspielen und Essen einerseits, aussichtlos unversöhnlich erscheinendem Streit zwischen meinen Großeltern und Eltern andererseits. Auch unter den ersten Tanzschritten, die meine Oma mir voller Geduld und Stolz zu volkstümlicher Musik beigebracht hat. Ich verabschiede mich und gucke mir nochmal den grünen abgenutzten Stoff auf der Lehne des Canapés an. Auch mein Inneres ächzt unter den

Erinnerungen – genau wie die Holzdielen mal freudig und mal schwermütig.

Neben dem Kellerzimmer liegt die Sommerküche meiner Eltern, als wäre sie die Außenseiterin unter den Zimmern. Sie hat einen eigenen Eingang und ist nicht mit den anderen Zimmern verbunden. Ein großer Elektroherd und moderne grüne Küchenschränke heben sich vom restlichen alten Mobiliar des Hauses ab. Darin kocht meine Mutter sonntags und manchmal an Werktagen abends, nachdem sie erschöpft von der Arbeit aus dem Nachbardorf nach Hause kommt, vom Körbeflechten in der kleinen Fabrik. Der Duft von Bratkartoffeln und Hühnersuppe steigt mir in die Nase und ich fühle eine starke Sehnsucht nach den Momenten von „guter alter Zeit", nach den Momenten, in denen ich ihre Nähe genießen und mich auf das gute Essen freuen darf. Die Suppe schmeckt besser, wenn sie von ihr gekocht wird. Ich blicke nochmal verstohlen in den Küchenschrank und finde eine einsame und halb leere Tüte mit dunklem Kakao zum Kuchenbacken. Der fehlende Kakao hat vermutlich die Roulade unseres letzten Osterfestes in Rumänien verfeinert. Danach verlasse ich schweren Herzens die Sommerküche und trete ins Freie.

Der Gang ist überdacht, mit terrakottafarbenen Steinen gefliest und zieht sich von der vorderen Stube bis zum Ende der Sommerküche entlang. Ich laufe barfuß und meine nackten Füße sind für die angenehme Küh-

lung der Fliesen dankbar. Sie sind schon rissig, aber die dunkelblauen Muster darin sind noch zu erkennen.
Ich steige die drei Treppenstufen vom Gang hinunter auf einen Gehweg. Unter der Treppe empfängt mich ein heißer gepflasterter Zementweg. Meine Mutter gießt kaltes Wasser darauf, um den Staub zu verjagen und ich springe mit ihr in den entstandenen Pfützen herum, damit sie unsere heißen Füße kühlen. Ich stehe in meiner Erinnerung auf der Wiese vor dem Haus und Heimweh macht sich mal wieder breit. Ein wehmütiges Gefühl von „Wo ist das nur alles hin?" nimmt mich ganz ungefragt in Beschlag und besteht darauf, gefühlt zu werden. Ich kämpfe damit. Geh weg. Komm her. Dann tut es weh.

Die Wiese neben dem Zementweg fühlt sich weich an unter meinen nackten Füßen. Ich drehe mich mit ausgebreiteten Armen im Kreis und sehe die alte Scheune, einen Birnbaum, einen Apfelbaum, die Hundehütte, den Weingarten, in dem ich es im Herbst kaum erwarten kann, reife Trauben zu finden. Ein Sauerkirschenbaum, ein Aprikosenbaum und eine Tanne, in deren Schatten unser Hund an heißen Sommertagen Erholung findet. Wie kann das alles so weit weg und trotzdem so nahe sein? Mehr als dreißig Jahre her und so erbarmungslos eng bei mir?
Manchmal, wenn mich das Heimweh plagt, wünschte ich, ich könnte anders fühlen, aber ich vermisse mein

Dorf. Ich vermisse die Bäume und Sträucher, die Wiesen und die Tiere darauf, ich vermisse die Gehwege durchs Dorf und die Schlenker, zu denen mich die Schlaglöcher beim Laufen zwingen. Mir fehlen die Düfte der Jahreszeiten, die belebende Frische des Frühlings, die bunte Fülle des Sommers, der demütige Duft von Vergänglichkeit im Herbst und die schneidende Kälte des Winters. All die naturnahen sinnlichen Erfahrungen meiner Kindheit begleiten mich ein Leben lang: der Duft der frisch aufgewühlten Erde beim Säen, der blumige Geschmack der Akazienblüten, der Rauch beim Verbrennen der welken Blätter, die vielfältigen Düfte, die beim Kochen und Backen unseren Küchen entströmen, der Duft frisch gekochter Aprikosenmarmelade.

Lange Zeit habe ich mich damit abgemüht herauszufinden, was an mir deutsch und was an mir rumänisch ist. Wer bin ich „wirklich" und was bedeutet es, wenn mir die Antwort darauf nicht einfallen oder nicht gefallen will? Müsste ich bestimmte Konsequenzen ziehen, um „richtig" authentisch leben zu können und wie sähen die aus? Lange dachte ich, ich müsste mich doch endlich mal entscheiden, damit ich einen roten Faden für mein Leben hätte, der mir die Richtung zeigt. Ich musste feststellen, dass das so nicht funktioniert, denn ich trage alles, was ich erlebt habe, in mir. Einiges davon kann ich nicht ungeschehen machen und vieles

möchte ich nicht ungeschehen machen. Aus genetischer Sicht betrachtet ist die Frage, wer ich bin, eine einfache Rechnung: 12,5 % rumänisch, 12,5 % russisch und 75% aussiedlerdeutsch, oder wie auch immer der politisch korrekte Begriff dafür sein mag.
Ich wünsche mir, dass Menschen die Freiheit genießen können, sich in allen Lebensbereichen zu suchen und sich für eigene leitende Wertvorstellungen bewusst zu entscheiden, unabhängig davon, ob man die gelernten wählt oder diejenigen, die man sich unabhängig von seiner Familie und seiner Herkunft zu eigen gemacht hat - solange die eigene Freiheit dort aufhört, wo die Grenzen unseres Gegenübers deutlich werden. Soziales sollte dann eine logische Konsequenz sein, weil man erkennen muss, wie angewiesen wir auf andere Menschen in Familien, Beziehungen, Freundschaften, im Kollegenkreis und überhaupt sind. Genauso klar wird, wie sehr wir andere brauchen, um uns in ihnen spiegeln zu können, um uns überhaupt wahrnehmen und finden zu können, um uns als Teil eines sinnstiftenden großen Ganzen empfinden zu können. Wir respektieren die Grenzen und Bedürfnisse anderer Menschen, weil wir um die unbedingte Notwendigkeit wissen, dass unsere eigenen Bedürfnisse und Grenzen respektiert werden.

Manchmal taucht bei mir das Bedürfnis auf, meine Kindheit abschließend zu bewerten. Bin ich in einer schlimmen Welt mit wenigen schönen Momenten groß geworden oder soll ich den verklärt verharmlosenden Erzählungen glauben, dass es eine schöne Welt mit ein paar weniger guten Momenten war? Das Bedürfnis ist da, aber es lässt sich nicht befriedigen. Und wahrscheinlich ist es auch nicht nötig. Wie so oft war es wahrscheinlich irgendwas dazwischen.

Und doch ist eines leider nicht zu leugnen: Es war – nicht nur, aber auch – eine Welt voller Druck auf anders Denkende und anders Fühlende. Es war eine Welt, in der Bedürfnisse, die nicht zu den dörflichen Werten passten, von dem Regime des „Was werden bloß die Leute sagen!?" unterdrückt werden mussten. Wir finden immer das „normal", was die meisten um uns herum tun, und rechtfertigen viel damit, dass die anderen ja auch so handeln.

Es gab kein Jugendamt und um das seelische Wohl von uns Kindern hat sich zu jener Zeit niemand gesorgt. Kinder waren da und hatten zu gehorchen, sich gut zu benehmen und sich unterzuordnen.

So etwas wie Frauenhäuser gab es auch nicht. Wenn es gut lief, hatten manche Frauen eine Freundin, der sie anvertrauen konnten, dass sie nicht ungünstig gegen den Schrank gestolpert, sondern vom Ehemann wieder mal geschlagen worden waren. Natürlich war das nicht in allen Ehen so. Aber in eindeutig zu vielen.

In meiner ehemaligen Schule fassten Sportlehrer pubertierenden Mädchen nach ein paar schlüpfrigen Bemerkungen über ihr gutes Aussehen schon mal „um sie zum Laufen anzuspornen“ an den Hintern. So lernten wir als Mädchen früh, welche Rolle für uns zukünftige Frauen vorgesehen war. Und die Jungen lernten automatisch gleich ihren vermeintlich dominanten männlichen Part mit. Die Geschlechter-Rollen waren längst überholt und Frauen kamen nicht gut dabei weg. Der häufige Alkoholkonsum mancher Männer zeigte jedoch deutlich, dass sie auch nicht besonders glücklich mit dem Anteil waren, den sie abbekommen hatten.

Zum Glück durfte ich auch in den Genuss anderer Lehrer:innen kommen, die mich mit ihrer feinfühligeren Art beeindruckten und wegweisend für mich waren. Dazu zählt vor allem mein ehemaliger Deutschlehrer, in dessen Unterricht sein Wille, uns zu sensiblen Menschen zu machen, durchblitzte. Auch ihm riss manchmal der Geduldsfaden und dann erfüllte seine laute Stimme unseren Klassenraum. Es war der gleiche Lehrer, der mich für die Deutsch-Wettbewerbe fitmachte und mich dafür Inhaltsangaben, Aufsätze und Zusammenfassungen schreiben ließ. Gemeinsam mit Lehrer:innen und Schüler:innen aus anderen Banater Dörfern fuhren wir mit dem Zug zur Olympiade, die am entgegengesetzten Ende des Landes stattfand.

Es gab aber auch den älteren Lehrer, der für seinen hohen Alkoholkonsum bekannt war, dem niemand verboten hatte, unsere zarten Kinderhände mit einem kleinen lackierten Stock zu quälen. Oft mussten wir dafür unsere Handfläche nach oben drehen und unsere Finger zusammenführen, um eine gute Angriffsfläche zu bieten. Wie kann es sein, dass ihn niemand davon abhielt? Was war das für ein irrer Zustand? Lehrer standen in der Skala der gesellschaftlichen Anerkennung fast auf einer Stufe mit Pfarrern und wenige trauten sich, deren Vorgehensweise anzuzweifeln. Manche meiner Klassenkameraden wurden als dumm bezeichnet, wenn es ihnen nicht gelang, seitenweise Geschichtszahlen auswendig zu lernen und völlig sinnentleert bei der nächsten Klassenarbeit wiederzugeben. Das waren Pädagogik und Didaktik der alten Art, bei der Kinder erniedrigt und entmutig werden, statt sie zu inspirieren und zum Wachsen zu beflügeln.

Das ganze pädagogische Elend begann schon zu meiner Kindergartenzeit. Ich hatte zum Glück feinfühlige Erzieherinnen. Meine Lieblingserzieherin, diejenige, die später meine Grundschullehrerin wurde und deren Bücher ich mir unermüdlich auslieh, bemühte sich um uns. Sie spielte ein grünes Akkordeon und wir sangen kräftig mit. Ich sagte mit vier Jahren schon, dass ich so werden wollte wie sie und da ich wirklich Erzieherin wurde – wer weiß, ob sie meine spätere Berufswahl vielleicht tatsächlich beeinflusst hat.

Die benachbarte Kindergartengruppe hatte leider weniger Glück. Eine der Erzieherinnen schlug die Kinder mit harter Hand und auch sie konnte oder wollte niemand stoppen. Ich hatte zwar nicht viel mit ihr zu tun, aber ich hatte Angst vor ihr, wenn sie bei uns vertrat. Bei Widerspruch, nicht leer gegessenen Tellern, zu viel Herumrutschen während der mittäglichen Ruhezeit in unseren weißen Gitterbettchen konnte sie schnell gefährlich werden. Sie schrie und schlug manchmal hemmungslos auf die Kinder ein.

So viel Gewalt an so vielen Seelen kann nicht ohne Folgen bleiben. Das Ergebnis sind mangelnde Selbstwertgefühle. Unzählige Ermahnungen aufgrund nicht erfüllter Erwartungen führen dazu, sich nicht gut genug für diese Welt zu fühlen. Um diese unerträgliche Situation auszuhalten, wählen wir eine der uns Menschen zur Verfügung stehenden Bewältigungsstrategien: verdrängen, verharmlosen, versachlichen, vergessen. Menschen, die gewalttätig sind, sind Menschen, die überfordert sind, „denen es auch nicht geschadet hat", bei denen es in der Kindheit auch „nur halb so wild" war und bei denen „es halt damals so war" und außerdem: „Was soll man machen? So ist halt das Leben." Und auf keinen Fall zu vergessen ist, dass „es bei den anderen schließlich auch nicht anders war." Und das macht es doch gleich viel besser, oder?

Es war aber auch eine Welt, in der ältere Menschen eine wichtige Aufgabe darin fanden, ihre Enkelchen nach der Schule willkommen zu heißen und mit warmem und gesundem Essen zu versorgen, so wie es auch bei mir der Fall war. Danach konnten sie sich auf eine gemütliche Bank vor dem Haus setzen und darauf warten, dass jemand vorbei kam, mit dem sie ein Schwätzchen halten konnten. Und irgendjemand kam immer. Schließlich kannte man jeden einzelnen aus dem Dorf. Es ist gut, Rituale zu haben, und es ist gut, zu wissen, wo man hingehört. Es ist gut, seine Nachbarn zu kennen und es ist noch viel besser, sich gegenseitig zu helfen. Das bleibt aber genau so wertvoll, wenn man bestimmte Dinge hinterfragt, wenn man den Rahmen für junge Menschen lockert und man sich gegenseitig eingesteht, dass das alles zwar wertvoll, aber vermutlich doch nicht so „heil" war, wie man es sich gewünscht hätte. Die Erinnerungen an die Kindheit vermischen sich mit Sehnsucht, mit Trauer um den Verlust und schon sieht alles etwas idyllischer aus, als es tatsächlich war. Das Gras war dort irgendwie grüner, die Äpfel süßer und Tomaten irgendwie tomatiger.

Mittlerweile leben die allermeisten Banater Schwaben in Deutschland – die meisten von ihnen im Süden. So gut, wie die Menschen in der Generation meiner Mutter noch vernetzt sind, habe ich das Gefühl, dass das Dorf virtuell noch existiert, dass es sich nur etwas verlagert und ausgedehnt hat. Nachrichten über Geburt, Eheschließung und Tod werden in Windeseile weitergetragen und oft weiß ich nicht mehr, um wen es geht, wenn ich Neuigkeiten erzählt bekomme. Aber ich merke, wie wichtig es für die Erzählenden ist. Es werden alle zwei Jahre Treffen organisiert, für deren Gelingen sich viele Menschen bewundernswert viel Mühe geben. Davor werden Tänze mit Kindern und Erwachsenen eingeübt, eifrig Theaterstücke mit dörflichen Begebenheiten geprobt, ein gemeinsamer Gottesdienst organisiert und gemeinsam ein Friedhof besucht, um der Ahnen zu gedenken. Es wird gemeinsam gesungen und gelacht und sich vor Freude über das Wiedersehen in die Arme gefallen. Immer noch wird am Ende des Treffens gemeinsam das Lied „Wahre Freundschaft" gesungen. Das innere Band der gemeinsamen Geschichte soll möglichst stark bleiben. Jährlich wird ein „Jahresbuch" verlegt und durch ganz Deutschland an Interessierte verschickt. Darin werden alte Fotos und Erinnerungen in Form von kleinen Geschichten Einzelner veröffentlicht. Die Menschen spenden für den Erhalt unserer ehemaligen Dorfkirche und die Pflege unseres Friedhofes. Der Verlust der Heimat schmerzt, und es soll halt doch alles wenigstens noch ein bisschen bleiben.

Doch in meiner Generation werden die Fäden dünner und irgendwann werden sie gerissen sein oder sich einfach in Luft aufgelöst haben. Wir sind als Jugendliche hergekommen und haben uns, jeder auf seine Art, hier integriert. Wir sind hier sesshaft geworden. Wir haben hier Kolleg:innen, Freund:innen und Ehepartner gefunden. Zum Teil sind das Banater Schwaben, zum Teil auch nicht.

Es ist auch gut, mehrere Generationen zum Zusammenleben in einem Haus versammeln zu wollen, und es ist auch richtig, Traditionen bewahren und pflegen zu wollen, damit man seine Herkunft nicht vergisst. Ich vermute aber, dass sich aus meiner Generation niemand mehr finden wird, der die Treffen in der bisherigen Form organisiert oder der noch Interesse daran hat, hinzugehen. Bisher zeigte sich, dass meine Altersgenossen und ich nicht einmal genug Motivation aufbringen konnten, um ein Klassentreffen zu organisieren. Die Jahrgänge aus der Generation meiner Eltern tun das sehr wohl. Vielleicht wird es die Treffen in einem deutlich kleineren Kreis weiterhin geben? Ich weiß es nicht. Der Verlust der Gemeinschaft ist auf jeden Fall der Preis, den die Menschen für die Auswanderung zahlen müssen. Ob es ihnen gefällt oder nicht. Ich frage mich manchmal, ob alle diesen Weg gewählt hätten, auch wenn ihnen der tatsächliche Preis bewusst gewesen wäre. Diese Frage muss jeder für sich beantworten. Aber so geht Leben nicht. 1990 ist nicht 2022 und die Auswanderung als Deutsche in das verheißungsvolle und zugleich doch so fremde Deutschland erschien verlockend. Das man dafür so viel aufgeben musste, war nicht klar. Was man verliert – aber auch gewinnt – erkennt man deutlich oft erst in der Rückschau.

So traumatisch die Auswanderung nach Deutschland auch für mich als 14-Jährige war, so sehr hat sie mir meine lang ersehnten Freiheiten eröffnet. Und dafür kann ich nicht dankbar genug sein. Ich möchte nicht

woanders herkommen, aber ich bin sehr dankbar für den viel größeren Lebenshorizont, den mir die Umsiedlung geboten hat – auch wenn sie sich anfangs eher nach einer Lebenskatastrophe anfühlte.
Die Welt, aus der ich komme, wurde von altmodischen Werten getragen, die ich nicht alle teile, aber – alles ist genau richtig wie es ist. Ohne diese Welt wäre ich nicht ich oder wäre ich überhaupt nicht.
Meine Geschichte der Migration ist die Geschichte einer persönlichen Erschütterung, eines Erdbebens mit vielen emotionalen Kollateralschäden, das erst mal einen tiefen Graben der Unsicherheiten in mein Leben gerissen hat. Und es ist gleichzeitig die Geschichte eines Neuanfanges, dessen hoffnungsvolle Strahlen mich erst viele Jahre später langsam aber sicher erfüllten. Es ist eine von so vielen Geschichten von erschütternden Verlusten und von hoffnungsvollen Neuanfängen. Menschen verlassen ihre Welt und dann? Dann kommen sie in einer anderen an und müssen viele Entscheidungen treffen. Was von dem, was ich mitgebracht habe, muss ich behalten, um mich in der großen neuen Welt noch wiederzuerkennen? Was möchte ich aufgeben, weil es mir auch vorher nicht gefallen hat? Und finde ich einen Ersatz dafür? Was macht mich unbedingt aus? Worauf kann oder möchte ich nicht verzichten?

Eltern, die viel Wert darauf legen, dass ihre Kinder nicht vergessen, wo sie herkommen, stellen in der neuen

Umgebung oft schmerzlich fest, dass diese sich von den mitgebrachten Werten entfernen. Die Kinder wollen möglicherweise nicht in dem Haus wohnen, das die Eltern sich mühselig erarbeitet und für mehrere Generationen vorgesehen hatten, sie geben ihr Geld für angeblich so „unnötige" Restaurantbesuche aus, wo das selbstgekochte traditionelle Essen doch am besten schmeckt und man das Geld sinnvollerweise besser in die Verschönerung des Hauses investieren sollte. Da es nach dieser Wahrnehmung zu Hause am schönsten ist, erscheint ihnen der Urlaub am Mittelmeer oder in der Karibik ebenso verschwenderisch. Da können in der Auseinandersetzung schon mal Welten gewaltig aufeinanderprallen.

In der Regel ist das, worüber man sich nach der Auswanderung zuerst am meisten freut, Menschen zu treffen, die die gleiche Sprache sprechen, in denen man sich mit der eigenen Herkunft wiederfindet. Das ist richtig und gut so. Schwierig wird es nur, wenn man sich vor dem Neuen ängstlich und abwehrend verschließt, weil man befürchtet, dass eine allzu große Öffnung Neuem und Unbekanntem gegenüber die eigene Identität verblassen oder sogar verschwinden lassen könnte.

Zur Integration gehören zwei. Die einen sind die, die schon lange irgendwo leben und die Neuen einschließlich ihrer Rituale und Religionen möglichst wertefrei willkommen heißen, und die anderen sind die, die sich

dem neuen Land und seinen Bewohnern gegenüber nicht verschließen dürfen, aus Angst, dabei die eigene Identität zu verlieren. Jeder muss seine Traditionen und Gewohnheiten behalten dürfen und den jeweils anderen in seiner Andersartigkeit respektieren, sich aber auch in den Gemeinsamkeiten des Menschseins wiederfinden und spiegeln. Das ist die große Herausforderung und dazu bedarf es vieler großer und offener Herzen. Genau dann, wenn es nicht mehr die „einen" und die „anderen" gibt, ist das Ziel erreicht.
Ich habe in meinem engen Bekanntenkreis viele Möglichkeiten gesehen, mit der herausfordernden Aufgabe der Migration und des Fremdseins umzugehen. Bei manchen sieht es so aus, als ob sie von ihrer Herkunft am liebsten nichts mehr wissen möchten. Nach wenigen Jahren sprechen sie den Dialekt nicht mehr, selbst wenn man sie in der Art anspricht, antworten sie auf Hochdeutsch und scheinen die vermeintlich primitive alte Sprache zu belächeln. Sie fahren nicht mehr nach Rumänien und scheinen ihre Herkunft vergessen zu wollen. Manch andere scheinen aus Angst vor Identitätsverlust an der Mundart und den traditionellen Werten so krampfhaft und eisern festzuhalten, dass sie dabei die Schönheiten und Vorzüge der neuen Welt um sie herum tragischerweise nicht wahrnehmen können. Sie fahren ständig nach Rumänien. Beide Seiten versuchen auf unterschiedliche Art, den Verlust zu verarbeiten und hier in Deutschland anzukommen.

Beides zu leben ist nötig, möglich und macht die wahrhafte Reichhaltigkeit des Lebens aus. Es ist das schwierige und trotz allem bereichernde Schicksal und die Aufgabe von Emigrierten aus aller Welt, wo immer sie herkommen und wo immer sie hingegangen sind.
Mittlerweile sind meine Großväter, meine Großmutter väterlicherseits und vor drei Jahren auch mein Vater verstorben. Abschied tut weh, sehr weh. Der Tod unserer Nächsten hinterlässt uns hilflos, traurig, fassungslos, und im besten Falle auch demütig und dankbar für das Geschenk, leben zu dürfen. Von den Erinnerungen und den alten Fotos können wir zehren und versuchen, den Kontakt in Zwiegesprächen aufrechtzuerhalten. Sie gelingen nie so ganz.
Ich bin nicht deutsch, nicht rumänisch und nicht beides. Ich bin ich und versuche, das zu leben, wonach mein Innerstes sich sehnt. Was das in den nächsten Jahren sein wird, weiß ich jetzt noch nicht, aber – wie es eben so eine Eigenschaft des Lebens ist – nahm mein Leben bisher oft sehr unerwartete Wendungen. Nicht alle Richtungen haben mir gefallen, aber trotzdem musste ich sie mitgehen und werde das auch weiterhin tun.
Wir spüren uns im Leben nicht beim geradeaus Fahren, sondern beim Abbiegen – freiwillig oder unfreiwillig. Die scharfen Kurven sind es, die uns daran erinnern, dass wir uns an etwas festhalten müssen. Und wenn wir die kurvigen Stellen mal wieder gemeistert haben und die Wege endlich einfacher begehbar wer-

den, merken wir, dass sich wieder einige Erkenntnisse mehr in unserem Lebensrucksack befinden, die wir aus Krisenzeiten mitnehmen konnten.
Was ist wichtig im Leben? Meiner Meinung nach sind es Selbsterkenntnis und Verantwortung für das eigene Wohl und das der Menschen, die einen im Leben begleiten. Es geht um den Mut, immer wieder einen Tauchgang in den tiefen Mariannengraben des eigenen Lebens-Ozeanes zu wagen, den Grund zu berühren, vielleicht auch zu bestaunen, und Erkenntnisse über sich zu sammeln, um etwas daraus zu lernen. Nur wenn ich weiß, was ich wirklich denke und fühle, kann ich mich dafür oder dagegen entscheiden. Möchte ich es genau so weitermachen oder brauche ich etwas anderes?
Es geht aber auch darum, sich gemeinsam mit anderen Menschen einen sicheren Heimat-Hafen einzurichten, um sich von anstrengenden und manchmal schmerzhaften Tauchgängen zu erholen. Die echten und tiefen Momente der Begegnung mit sich selbst und mit anderen begleiten uns und trösten uns vielleicht irgendwann über die traurige, aber unumkehrbare Einsicht hinweg, die uns sagt „Ich werde irgendwann gewesen sein."

Ich freue mich auch auf das Ende der Pandemie, weil damit für mich der nächste Besuch in Rumänien in greifbare Nähe rückt. Es muss zwar immer wieder, aber nicht zwingend jedes Mal mein altes Dorf sein, das ich besuche – ich lerne auch gerne andere Teile des Landes kennen, wie zum Beispiel Siebenbürgen und seine schöne geschichtsträchtige Stadt Sibiu (Deutsch: Herrmannstadt), die 2007 Kulturhauptstadt Europas war und die ich 2009 besuchte. Ungefähr jedes zweite Jahr nach Rumänien zu fliegen, ist meine Art, mit dem Verlust meiner Heimat umzugehen. Ich fliege dann aber auch sehr gerne wieder zurück in meine zweite Heimat nach Deutschland. Es ist gut so, wie es ist.

Epilog - Die beste aller Großmütter

Die Mutter meiner Mutter, von mir auch Resi-Oma genannt, spielt eine besondere Rolle in meinem Leben. Sie ist eben meine Groß-Mutter und zwar so eine, wie es sie in Bilderbüchern gibt. Bei ihr dampft und duftet es immer aus vollen, viel zu großen Töpfen. Zum wiederholten Male sind sie voll bis zum Rand. „Ich kann halt nicht weniger kochen. Das ist so und bleibt auch so", sagt sie immer lachend.

Ihr Bestreben, mir, ihrem einzigen Enkelkind, irgendetwas zu essen oder zu trinken zu geben, ist unerschöpflich. Die Kissen auf dem grünen Sofa können nicht weich genug sein für mich, ihr „Herzilein", wie sie mich und meine Töchter heute manchmal noch nennt. Sie muss auch sicher gehen, dass ich nicht doch vielleicht müde bin und ein kurzes Nickerchen mir gut tun würde. Also, sie würde mir auch eine Decke zum Zudecken bringen... falls ich es mir doch anders überlege

und mich vielleicht doch ausruhen möchte? Wirklich nicht?
Sie ist die einzige aus der Gruppe meiner Großeltern, die noch lebt und ich habe einige Geschichten, die sie aus ihrem Leben erzählt hat, mit Hilfe einer Handy-App aufgenommen. Nach und nach wird das Erzählen langsamer und für sie anstrengender. Aber sie spornt mich trotzdem zum Fragen an: „Frag nur, wenn du was wissen willst!" Sie möchte erzählen und gehört werden und ich möchte ihr so gerne eine Stimme geben. Und ich tauche dabei mit ihr zusammen in eine andere Welt ein, in ihre alte Welt, die noch älter als meine ist. Eine Welt, in der man ohne Widerrede tat, was die Eltern wollten, in der man am meisten das Gerede der anderen Leute aus dem Dorf fürchtete, in der es Essen beileibe nicht im Überfluss gab und der Mann fürs Leben noch von anderen ausgesucht wurde. Und nicht alle Zeitangaben ergeben für mich einen Sinn, trotz mehrmaliger Nachfragen. Einiges ist im chronologischen Sinn widersprüchlich. Aber ich denke, es ist sicher in Ordnung, Chronologie ist nur eine Facette der Geschichte. Wenn ich sie durch Nachfragen zu oft unterbreche, wird sie hektisch und es kann schon mal passieren, dass sie den Faden verliert. Sie mag das nicht und ich finde, das ist ihr gutes Recht. Also reiße ich mich beim Zuhören zusammen und bestehe nicht immer darauf, dass dies oder jenes Ereignis eigentlich vor oder nach einem anderen gewesen sein müsste.

Ich habe mich nicht getraut, ihr zu sagen, dass ich ihre Erzählungen aufnehme. Vielleicht ahnt sie was, denn auch wenn sie nicht weiß, was so ein modernes Telefon alles kann, merkt sie, dass ich beim Zuhören manchmal daran rumspiele. Vielleicht denkt sie aber auch nur, ich würde irgendwelche Nachrichten schreiben oder beantworten. Sie wundert sich häufig darüber: „Was diese modernen Dinger alles können!“

Manche Geschichten kenne ich schon von klein auf, manche höre ich zum ersten Mal. Jedenfalls kann ich mir nicht alle Namen und schon längst nicht das dazugehörige Verwandtschaftsverhältnis merken. Und genau das wird sie nicht müde zu erwähnen. Es ist ihr so wichtig. Wird das immer wichtiger, je älter man wird? Muss das so sein, damit die Verbindung zu den vorherigen Generationen nicht verloren geht? Oder ist es am Ende des Lebens auf eine besondere Art sinnstiftend, fühlen zu können, dass man irgendwo dazugehört hat? Ja, das ist es bestimmt.

Eigentlich hätte ich gar nicht „Teresia“ sondern „Therese“ heißen sollen.

Das hab ich ja noch nie gehört...

Ich bin eigentlich auf den Namen Therese getauft worden. Als ich mir als Jugendliche einen Personalausweis hab´ machen las-

sen, haben die bei der Miliz gesagt, ich sollte besser einen rumänischen Namen haben. Eine offizielle Geburtsurkunde hatte ich nicht mehr und mein Taufschein war als offizielles Dokument nicht anerkannt. Ich konnte nichts dagegen tun. Die haben mir einfach meinen Namen weggenommen. Meine Eltern hießen Anna und Wilhelm Müller. Der Geburtsnamen meiner Mutter war Hofmann. Die Hofmanns hatten sechs Mädchen, aber nur fünf davon wurden erwachsen und haben länger gelebt. Eine der Schwestern ist schon mit drei oder vier Jahren gestorben.

Oh, das ist ja schrecklich!

Ja. Das war damals leider so. Da sind viel mehr Kinder gestorben als heute. Die Medizin war noch nicht so gut entwickelt. Das Mädchen, das nach ihrem Tod geboren wurde, hat den gleichen Namen bekommen wie ihre verstorbene Schwester. Das war nicht gut. Die Mutter vom Hofmann Oskar hat der Familie dringend davon abgeraten, dem Kind den gleichen Namen zu geben, weil sie meinte, das würde wieder kein Glück bringen, aber die haben nicht auf sie gehört.

Die Anna war als Nesthäkchen die jüngste der Schwestern und war meine Mutter. Sie war dreizehn Jahre jünger als ihre älteste Schwester Elisabeth. Alle außer meiner Mutter haben kurz in den USA gelebt, um dort zu arbeiten, aber alle außer Elisabeth sind wiedergekommen. Sie hat dort einen Deutschen geheiratet und hatte mit ihm einen Sohn namens Steven und eine Tochter namens Susan. Damals sind viele junge Menschen in die USA zum Arbeiten ausgewandert. Die meisten sind mit viel Geld wiedergekommen und haben sich damit ein großes Haus in Traunau gebaut.

Das heißt, dass wir sogar in den USA noch Verwandtschaft haben!

Ja, überall auf der Welt sind sie zerstreut.
Am 12.2.1939 bin ich geboren. Wegen der Kriegszeiten hatten meine Eltern nur mich und keine weiteren Kinder bekommen. Oft sind die zweiten Kinder bei anderen Familien deswegen viel später nachgekommen und es gab einen großen Altersunterschied zwischen den Geschwistern. Mein Vater wurde im Krieg verletzt, hat in Deutschland eine andere Frau kennengelernt und ist dort geblieben. Er wurde im Kampf an der Lunge verletzt. Ich hatte in Deutschland noch eine Halbschwester, die mit drei oder vier Jahren leider an Hirnhautentzündung gestorben ist. Es könnte sein, dass sie 1948 oder 1949 geboren wurde. Ich konnte sie leider nie kennenlernen. Ich hab von ihr nur noch ein trauriges Foto im Sarg.

Aber dein Vater hat dich doch nach dem Krieg besucht, oder?

Ja, schon, aber es gab später noch familiäre Intrigen und sein Bruder hat ihm erzählt, dass ich ihn nicht sehen möchte, und dass ich sauer auf ihn wäre. Und mir haben sie erzählt, dass er kein Interesse an mir hätte. Ach, das war schlimm! Aber

irgendwann ist alles rausgekommen und dann haben wir das aufgeklärt. Die Verwandten, die das eingefädelt haben, wollten nur meinen Anteil der Lebensmittel-Päckchen einsacken, die mein Vater aus Deutschland geschickt hat. Er hat die Pakete an seinen Bruder geschickt und hatte eigentlich auch Dinge für mich und meine Mutter reingetan, die wir dann nicht bekommen haben.
Im August 1942, als ich drei Jahre alt war, ist zu allem Übel auch noch unser altes Strohhaus abgebrannt. Wir hatten einen Backofen, in dem wir Brot gebacken haben. Eines Tages hat meine Mutter den Backofen sauber gemacht, weil die Nachbarin ihr Brot bei uns backen wollte, und hat die restliche Asche vom Vortag in einem Korb in den Stall gestellt. Wir hatten ein Haus mit Scheune und Stall. Leider war in der Asche noch Glut und der Stall hat Feuer gefangen. Im Stall war Stroh und die Decke bestand aus Brettern. Auch weiße und trockene Weiden befanden sich darin, und die waren besonders entzündlich. Alles hat Feuer gefangen und war in zwei oder drei Stunden verschwunden. Ich kann mich noch daran erinnern, wie es gebrannt hat und sehe immer noch das Bild von den großen Flammen vor mir, obwohl ich erst drei Jahre alt war. Mein Vater war beim Brand gar nicht mehr zu Hause, er war schon im Krieg.

Wo habt ihr danach gewohnt?

Weil wir ja irgendwo leben mussten, haben wir in dem Haus beim Nicolae an der Ecke gewohnt – dort haben sie uns vorübergehend einquartiert. Wir hatten viel Hilfe beim Aufbau –

auch die Feuerwehr hat uns viel geholfen. Es gab viel Solidarität und Unterstützung aus dem Dorf.
Im Herbst des Jahres 1942 war mein Vater dann das letzte Mal zu Besuch, auf Urlaub aus dem Krieg, und hat beim Aufbau geholfen. Ich weiß noch, dass er voller Läuse war, als er heimkam. Er musste sich im Hof ausziehen und nur eingewickelt in eine Decke durfte er ins Haus. Seine Klamotten wurden von den Läusen befreit, indem sie in einen heißen Backofen gelegt wurden. Die starke Hitze hat die Läuse vernichtet. So war das, wenn die Männer aus dem Krieg heimkamen – sie waren immer voller Läuse. Das war furchtbar. Meine Oma hat nach dem Brand unseren Weingarten verkauft, um Geld für den Aufbau des Hauses zu haben. Auch sechzehn Kirschbäume, die immer dicke Kirschen hatten, hat sie verkauft, um die letzten Schulden zu bezahlen. Im Herbst 1943 war das Haus fast fertig und wir sind eingezogen. Aus diesem Grund sind wir später länger nicht mehr zu Geld gekommen und waren arm. Ich kann mich sogar noch daran erinnern, dass ich als Kind mit einer Freundin auf die Kuhweide gegangen bin, um trockene Kuhfladen zu sammeln. Außerdem musste ich früh arbeiten.

Was wolltet ihr mit den Kuhfladen machen?

Wir wollten die zum Feuer machen nutzen, weil wir nicht genug Holz hatten. Wir haben einen kleinen Bollerwagen hinter uns her gezogen, haben ihn auf der Weide vollgeladen und waren sehr stolz auf unsere Beute. Leider hat die Besitzerin der Weide uns dabei beobachtet, ist uns nachgelaufen und hat den Wa-

gen umgeworfen. Sie hat mit uns geschimpft und meinte, dass nicht nur die Kühe und die Weide, sondern auch die Kuhfladen ihr gehören würden. Das war´s dann mit unseren Kuhfladen.

Das war ziemlich gemein, wo ihr doch eh nicht viel hattet!

Ja natürlich, wir hatten uns doch darüber gefreut, dass wir Material zum Heizen nach Hause bringen konnten. Danach waren wir ganz schön traurig.
Im Herbst 1945 wurden wir vom rumänischen Staat auch noch enteignet. Erst waren die deutschen Soldaten einquartiert, danach die Russen und dann kamen die „Kolonisten" – so wurden die Rumänen damals manchmal genannt. Die haben uns alles weggenommen. Die Häuser und das Feld. Das war die zweite Zeit der Armut bei uns.

Ich wusste nicht, dass auch deutsche und russische Soldaten damals bei uns im Dorf waren...

Aber, ja doch. Im Banat war zeitweise das deutsche Militär einquartiert. Sie wurden von den Russen verfolgt und als diese in der Nähe vom Banat waren, sind die Deutschen weitergezogen. In jedem Haus haben zwei oder drei Russen gewohnt. Danach haben die Russen größere Quartiere in der Stadt bekommen. Vom Herbst 1951, als ich zwölf Jahre alt war, bis März 1952, habe ich als Dienstmädchen in Sânleani. beim Schmidt-Lehrer-Ehepaar gearbeitet.

Ich dachte immer, das waren Lehrer aus Traunau.

Ja, die beiden waren in unserem Dorf geboren, haben aber dort in der Schule gewohnt, wo sie als Lehrer angestellt waren. So war das früher – die Lehrer haben immer neben der Schule gewohnt, in der sie gearbeitet haben. Später, als ich schon verheiratet war, ist das Lehrer-Ehepaar wieder nach Traunau gekommen.

Ich hatte dort einen ganzen Haushalt zu führen. Ich habe Brot gebacken, gewaschen, gekocht und geputzt. Gekauftes Brot haben wir meistens nur an die Schweine verfüttert, weil das nicht geschmeckt hat. Das Ehepaar hatte zwei Söhne – Peter, damals sechs Jahre alt und mittlerweile schon lange verstorben, und Hans, damals zwei Jahre alt. Peter war unartig und sehr zappelig. Bis ich ihm einen Schuh angezogen hatte, hatte er den anderen wieder ausgezogen. Ich habe mit ihm Späße gemacht, weil ich Kinder so sehr mochte. Sein Vater, der zugesehen hat, meinte aber, ich müsste strenger zu ihm sein, sonst bekomme ich das Kind nie angezogen. Ich war jedes Mal froh, wenn ich ihn soweit fertig gemacht hatte und er in der Schule war.

Bei dem Lehrer-Ehepaar hat es mir gefallen und es ist mir gut gegangen. Ich war dort in der Theatergruppe, in der Volkstanzgruppe und bin auf Bälle gegangen. Ich habe kein Geld als Lohn bekommen – hatte aber Kost und Logis frei.

Einmal ging eine Frau am Haus vorbei, als ich die Straße gefegt habe und hat gefragt, wie alt ich sei. Ich habe mich ein Jahr älter gemacht und gesagt, ich wäre schon dreizehn Jahre alt, obwohl ich in Wahrheit doch erst zwölf Jahre alt war. Ich war nicht kräftig, aber groß und dünn und wollte so tun, als wäre ich schon erwachsener.

Das war aber hart, schon so früh arbeiten müssen, oder?

Ja, aber ich glaube, es hat mir nicht geschadet. So konnte ich viele neue Erfahrungen machen. Zu Hause konnte ich nichts Neues lernen, da musste ich auch immer nur arbeiten. Und meine Mutter war froh, dass ich zu Hause „aus der Kost war“, weil wir arm waren. Ich hatte keine andere Wahl, ich musste arbeiten gehen. Meine Mutter war krank, sie konnte uns nicht versorgen. Ab März 1952, mit dreizehn Jahren und direkt, nachdem ich aus Sânleani. zurück war, bin ich gleich wieder arbeiten gegangen – ich war „Raupen putzen“ in der Wiese im Nachbardorf. Die vielen Obstbäume waren dort immer von Raupen befallen und wir haben sie davon befreit.
Im Mai 1952 begann ich mit dem Schälen der Weiden in der Firma in Schöndorf und gleich danach wurde mir gezeigt, wie man mit Weiden flechtet. Zuerst haben wir gelernt, wie man Flaschenkörbe herstellt, in denen man zum Beispiel Weinflaschen verschenken konnte. Im Sommer waren wir auf dem Feld und im Winter haben wir wieder in der Flechterei gearbeitet. Nur die Feinflechter, die Koffer und Wäschekörbe geflochten haben, haben ganzjährig in der Firma gearbeitet – das waren hauptsächlich Männer.
Von Herbst 1954, mit fünfzehn Jahren, bis Februar 1955 war ich vier Monate lang in Temeswar bei einem Arzt „dienen“. So haben wir das damals genannt. Ich hatte die Aufgaben einer

Haushälterin. Ich hab dreihundert Lei im Monat verdient und hatte Kost und ein kleines Zimmer. Das war damals gutes Geld. Donnerstags und sonntags nachmittags hatte ich frei.

In der Stadt haben meine Tante und meine Müller-Oma gewohnt, die eigentlich wollten, dass ich bei ihnen bleibe. Meine Mutter wollte überhaupt nicht, dass ich dort bleibe, weil sie Angst davor hatte, alleine und unversorgt zu sein. Sie hat geweint, als ich weg bin. Sie sagte: „Als du klein warst, haben die sich nicht um dich gekümmert" und „Ich hatte Mühe, dich groß zu ziehen und jetzt wirst du mich doch nicht im Stich lassen!" Das hab ich mir sehr zu Herzen genommen und bin nicht in der Stadt geblieben. Die wollten, dass ich in der Temeswarer Ketten-Fabrik arbeite, wo auch meine Tante gearbeitet hat. Aber dort hätten sie mich eh nicht eingestellt, weil ich damals noch keine sechzehn Jahre alt war. Meine Oma war Nachtwächterin und Hilfskraft in der großen Wäscherei, in der die Wäsche für Restaurants und Krankenhäuser gewaschen wurde.

Ich hatte überhaupt nicht vor, dort zu bleiben, weil ich in Temeswar immer so viel Heimweh hatte. Die Stadt war mir fremd. Ich hab mich auch um meine Mutter gesorgt und gedacht „Vielleicht weint sie jetzt um mich!"

Ich hab damals tausend Lei nach Hause gebracht und hab damit ein Kleid, Schmalz, Speck, einen Eimer und ein Nudelsieb gekauft. Meine Mutter und ich konnten eine Zeit lang gut damit leben und hatten Geld, um Brot zu kaufen. Die beiden Frauen, meine Oma und meine Tante, haben später in Herxheim gewohnt. Dort war ich zwei Mal zu Besuch.

Im Februar 1955, als mein Cousin Nikolaus geheiratet hat, bin ich nach Traunau auf die Hochzeit und danach nicht mehr nach Temeswar zurückgefahren. Ich wurde in diesem Jahr mit 16 Jahren in die „Kollektiv“ aufgenommen – so haben wir die „Landwirtschaftliche Produktionsgenossenschaft“ in unserem Dorf genannt, die dem Staat gehört hat. Im März war ich wieder Raupen putzen in Schöndorf. Im Sommer habe ich auf dem Feld in der Kollektiv gearbeitet und im Winter war ich flechten.
Ich war auch noch dreschen –„Schnitt und Dresche“ hat man das genannt. Es gab eine rote und eine weiße Dreschmaschine. Ich war sehr schnell beim Arbeiten. Kannst du dir vorstellen, wie das ablief?

Ich versuche mir ein Bild davon zu machen, aber so richtig kann ich es mir nicht vorstellen.

Von unten wurden die Weizen-Garben hoch auf die Dreschmaschine geworfen, dort habe ich sie aufgeschnitten und dem „Einleger“ gegeben, der die Ähren oben in die Maschine gestopft hat. Unten sind die Weizenkörner rausgekommen und wurde in Säcken verpackt. Dort standen auch noch Mädchen, die sich um die Spreu gekümmert haben. Wir haben uns immer abgewechselt mit den Aufgaben. Als die gesehen haben, dass ich zur Dresche gegangen bin, hatten die Männer schon Angst, mit dem Hochwerfen des Weizens nicht hinterherzukommen, weil ich immer so schnell war. Ich habe meine hundert Pflicht-Tage in der Kollektiv gemacht und danach wurde mir erlaubt, in der

Korb-Flechter-Firma als Tagelöhnerin zu arbeiten. In der Kollektiv hat man kein Geld verdient und als alleinige Versorgerin meiner Mutter und mir blieb mir keine andere Wahl.

Im Oktober 1956 habe ich geheiratet. Ich war siebzehn Jahre alt und nicht viel älter als deine Mutter, als sie geheiratet hat. Bei einem Ball sollte eigentlich Schneider Otto mich zum Tanzen auffordern, denn es war von den Erwachsenen verabredet, dass wir beide heiraten sollen, nachdem er vom Militär kommt.

Was heißt denn, du „solltest" ihn heiraten? Hast du ihn denn überhaupt gemocht?

Es gab damals nicht viel zu fragen, ob ich ihn gern hatte. Das wurde unter den Erwachsenen verabredet und dann war das so. Es hat keinen interessiert, ob man vor dem Heiraten verliebt war – das ist danach passiert, wenn man Glück hatte. Er war halt ein guter Tänzer und die Mädchen wollen ja diese Art von Jungs. Es gab Fälle, wo zwei verliebt waren, aber nicht heiraten durften, weil es immer darum ging, wer wieviel Besitz hatte. So haben reiche Menschen andere Reiche geheiratet und arme Menschen andere Arme. Der Besitz sollte ungefähr den gleichen Stand haben. Damals haben die Menschen sich nicht widersetzt, sondern haben auf die Eltern gehört. Das hat manchmal viel Unglück gebracht, aber die jungen Leute haben sich gefügt.
Es war geplant, dass ich in das Haus von Otto ziehen soll und für meine kranke Mutter wollten sie an ihrer Scheune ein Zimmer anbauen. Sogar die Steine hatten sie schon dafür besorgt.

Er hat mich auf dem Ball aber immer nur blöd angegrinst und mich überhaupt nicht zum Tanzen aufgefordert, sondern nur andere Mädchen. Ich war enttäuscht und sauer und bin vom Ball nach Hause gelaufen. Andere Jungs wollten mich zwar auch heiraten, aber die wollten alle meine Mutter nicht dabei haben, weil sie krank war. Ich wollte meine Mutter aber nicht im Stich lassen sondern mitnehmen, wenn ich in das Haus meines Ehemannes umziehe.

Auf dem Weg von dem Ball nach Hause, habe ich plötzlich gemerkt, dass Ilie mir hinterherläuft. Ich kannte ihn vom Dreschen, denn er war Mechaniker für Landwirtschaftsmaschinen. Er war beliebt bei seinen Kollegen und Vorgesetzten, weil er schnell und genau gearbeitet hat. Er war viel schneller als Fischer Hans – der hat ständig seinen Traktor geputzt statt zu arbeiten. Er meinte, er würde nur in die gleiche Richtung gehen, weil er seinen Bekannten George besuchen würde. Ich habe ihm erst geglaubt und gleich gar nicht verstanden, dass es ihm dabei eigentlich um mich ging. Das war die erste richtige Begegnung mit deinem Opa. Manche waren uns vom Ball nachgelaufen und haben gesehen, dass er mich begleitet hat. Am Tag darauf wurde das im Dorf schon rumgetratscht. Als ich später zu meiner Gruppe, den Ledigen, gegangen bin, habe ich gemerkt, dass die sich von mir abgewendet haben, weil sie mich zusammen mit einem Rumänen gesehen haben. Damals war das nicht gern gesehen unter den Deutschen.
Wir haben dann bald im Traunauer Gemeindehaus geheiratet, aber hatten nicht mal eine richtige Feier. Als wir nach Hause

gekommen sind, hatte meine Mutter zur Feier des Tages Gulasch gekocht und das war´s.
Kirchlich haben wir erst später geheiratet. Dein Opa wollte erst überhaupt nicht in der Kirche heiraten. Ich habe ihm gedroht, dass ich mich ansonsten von ihm trenne und dann hat er eingewilligt. Pfarrer Schäfer hat uns getraut und war damit einverstanden, dass er seinen orthodoxen Glauben behält. Die Eheringe wurden uns von einem anderen netten Ehepaar aus dem Dorf geliehen. Unser Traunauer Messner war unser Pate und ein fremder Messner, der manchmal dem Pfarrer bei der Beichte geholfen hat, war unser zweiter Pate. Erst als deine Mutter geheiratet hat, haben wir uns eigene Eheringe gekauft. Wir haben davor nicht so viel Wert darauf gelegt. Wir hatten nichts, als wir zusammengekommen sind und mussten wichtigere Dinge mit unserem wenigen Geld kaufen. Er hatte nur sein Traktoristen-Bett das war eine Art einfaches Feld-Bett und seine Kleidung mit in die Ehe gebracht. Er war trotzdem viel besser mit Kleidung ausgestattet als so manch andere Jungs. Er hatte einen dunkelblauen, einen hellen und einen karierten Anzug, und drei einzelne Hosen. Beige, schwarz und dunkelgrün. Er hat fast jeden Monat von seiner Schwester ein neues Kleidungsstück geschenkt bekommen.

Als deine Mutter geheiratet hat, waren seine Geschwister natürlich auch zur Hochzeit eingeladen. Die Menschen aus unserem Dorf haben sich sehr darüber gewundert, dass die so schick angezogen waren. Das waren alles moderne und gebildete Menschen.

Die Huber Elisabeth, die das mit den Schneiders ausgehandelt hat, war sauer auf den Schneider Otto, weil er sich so blöd benommen hat und mich auf dem Ball nicht zum Tanzen aufgefordert hat. Ich glaube, er wollte mich nicht, weil ich zu arm war und hat sich für mich geschämt. Wir haben nie darüber geredet. Ich habe mich nicht lange gegrämt deswegen, weil ich ihn ja sowieso nicht wirklich gern hatte.

Meine Schwiegereltern habe ich erst bei dem Tod meiner Schwiegermutter kennengelernt. Die haben in Alba Julia gewohnt und das war damals weit weg von unserem Dorf. Nur seine Schwester aus Arad kannte ich und sie mochte mich sehr. Wir sind oft mit dem Fahrrad nach Arad gefahren. Ich saß dabei vorne auf der Fahrradstange.

Als deine Mutter schon geboren war, wollte jemand, dass ich sie zu meiner Schwägerin nach Arad gebe, meinen Mann verlasse und den Bäumer Friedrich heirate.

Wie kommt denn jemand auf so eine verrückte Idee? Du warst doch schon verheiratet!

Das weiß ich auch nicht. Sie dachten wohl, ich sollte auf jeden Fall mit einem Deutschen verheiratet sein. Im Winter 1956 bin ich in die Flechterei aus unserem Dorf arbeiten gegangen – Opa hat mich da „reingeschafft", weil er Kontakte hatte. „Irila" hieß die Korb-Flechterei.

Am 1.7.1957, als ich achtzehn Jahre alt war, wurde deine Mutter geboren. Früher haben sie gesagt, wenn die Kinder kommen, beginnt erst das richtige „Wirtschaften" in einer Ehe.

Ach je, wo sind nur die ganzen Jahre geblieben... Deine Mutter hätte eigentlich auch nicht Emilia sondern Lieselotte heißen sollen.

Diese komische Geschichte habe ich schon mal gehört. Wie kann den sowas passieren?

Sie ist im Krankenhaus in Neu-Arad geboren, und dort habe ich angegeben, dass sie Lieselotte heißt. Ungefähr zur gleichen Zeit hatte meine Schwiegermutter einen Schlaganfall. Dein Opa ist ans Krankenhaus-Fenster gekommen – damals durften die Männer nicht auf die Entbindungsstation – und hat mir erzählt, dass er deswegen nach Alba Julia zu seiner Mutter fahren wird. Als er dort war, hatte er vor Aufregung wohl vergessen, wie seine Tochter heißen soll. Seine Mutter hat ihm vorgeschlagen, dass ihre Enkelin genau wie ihre Schwester aus Russland, auf den Namen Emilia getauft werden soll. So haben wir es schließlich gemacht. Sie war die zweite Emilia im Dorf.
1968 kam mein Vater nochmal zu Besuch nach Traunau. Meine Eltern haben sich nochmal gesehen und über alles miteinander gesprochen.
1969 war ich über Ostern zu Besuch bei meinem Vater und seiner neuen Frau in Deutschland. Danach ist es bei uns aufwärts gegangen mit dem Wohlstand. Wir haben einen elektrischen Herd gekauft, den Gehweg ausgebaut und vieles andere mehr. Ich konnte aber leider nur zwei Wochen dort bleiben. Nach zwei Wochen habe ich ein Telegramm mit der Nachricht bekommen, dass meine Mutter zu Hause im Sterben liegt. Die

Stefanie aus Deutschland war ein nettes Mädchen, damals war sie zehn Jahre alt, und hat mir für deine Mutter die große Puppe mitgegeben, als ich nach Hause gefahren bin. Im April 1969 ist meine Mutter gestorben.
1971 war ich wieder sechs Wochen lang zu Besuch in Deutschland. Eigentlich wollte ich dann schon in Deutschland bleiben. Ich habe aber einen Brief von zu Hause bekommen, in dem stand, dass mein Mann deine Mutter nehmen würde und mit ihr nach Alba Julia fahren würde, wo er herkommt. In dem Brief stand ungefähr „Du hast dann ein Kind gehabt und wirst sie nie mehr wiedersehen!" Vor lauter Angst bin ich schließlich wieder nach Hause gefahren.

Das wird ja immer verrückter! Wer macht denn sowas? Wollte der Opa das wirklich machen?

Ich weiß nicht, ob dein Opa das wirklich machen wollte. Ich glaub, die haben mir nur Angst gemacht, damit ich zurück komme. Ich hab nie mit ihm darüber gesprochen, weil ich nicht wollte, dass er erfährt, dass ich damals schon in Deutschland bleiben wollte. Ich hatte vor, deine Mutter nachzuholen – aber ich weiß wirklich nicht, ob er sie mir gegeben hätte. Das war schon fraglich. Sie hatte damals noch keinen Ausweis, weil sie erst vierzehn Jahre alt war. Wenn ich mich richtig erinnere, konnte man den erst mit fünfzehn Jahren bekommen.
Bei meiner Rückkehr ins Land hatte ich Angst, dass mir in Rumänien etwas passiert, wenn ich erst nach sechs Wochen wiederkehre. Eigentlich durfte man nicht länger als einen Monat in

Deutschland bleiben. Weil ich bei meinem ersten Deutschland-Besuch im Jahr 1969 schon nach zwei Wochen wiedergekommen war, haben sie mich in Ruhe gelassen. Sie dachten wahrscheinlich, dass ich Rumänien nicht endgültig verlassen will. Ansonsten haben sie Leute eingesperrt, wenn die auch nur einen Tag länger als erlaubt geblieben waren.
1982 ist mein Vater gestorben. Ich bin zur Beerdigung nach Deutschland gefahren und bin dann aber hier geblieben.

Ich kann mich an den Abend erinnern, an dem du bei uns warst, um dich zu verabschieden. Ich weiß nur noch, dass ich plötzlich geweckt wurde und du vor meinem Bett standest. Es herrschte eine beängstigende Stimmung, die ich damals nicht verstanden habe. Ich habe aber gemerkt, dass gerade etwas besonders Wichtiges geschieht.

Es war so furchtbar. Ich hätte am liebsten laut geweint, aber ich wollte dir ja keine Angst machen und habe mich bemüht, mich zu beherrschen. Ich wusste damals noch nicht, wie lange es dauert, bis wir uns alle wiedersehen werden. Weißt du noch, was ich dich an dem Abend gefragt habe?

Du hast gefragt, was du mir aus Deutschland mitbringen sollst und ich hab mir eine große Puppe gewünscht.

Hätte ich damals gewusst, wie lange es dauern würde, bis ich euch wiedersehe – ich hätte es wahrscheinlich nicht geschafft, weg-

zufahren. Es hat drei lange Jahre gedauert, bis ich dich wiedersah. Eigentlich wollte ich euch so schnell wie möglich nach Deutschland holen. Das hat leider nicht gleich geklappt, weil sie „den Mann" nicht mehr aufgefunden haben.
Als ich dich wiedersah, hab ich dich von weitem fast nicht erkannt, so groß warst du mittlerweile.

Von welchem „Mann" sprichst du denn?

Der Mann, der einem für viel Schmiergeld zur illegalen Ausreise verholfen hat. Plötzlich war er verschwunden.
1990 haben wir dann ja doch noch zusammengefunden. Es hat acht Jahre lang gedauert und es waren böse, einsame und schlechte Jahre. Dann hast du erst mal bei uns gewohnt und im Wohnzimmer geschlafen.
Im Sommer 1995 bist du zu uns gekommen, weil du dich mit deinem Vater gestritten hattest. Wir haben dich nicht dazu überredet, zurückzugehen, weil wir dich ja gern hatten und uns darüber gefreut haben, dass du bei uns warst. Wir haben gleich einen Schrank und eine Kommode für deine Kleidung gekauft. Einmal hast du mit Wiebke bei uns im Schlafzimmer auf unserem Bett gelernt. Ihr habt euch gegenseitig abgefragt. Zu dieser Zeit habe ich im Schichtdienst gearbeitet. Der Opa hat zu der Zeit für uns alle gekocht. Er konnte gut kochen und hat sich viel Mühe gegeben.
Am 15.8.1999 haben wir zum ersten Mal in unserer neuen Eigentumswohnung in der Günter-Hafemann-Straße übernachtet. Das war am Feiertag Mariä-Himmelfahrt.

„Wo gehst Du, Mariechen?"

Taschenbuch, 148 Seiten.
14,90 Euro. ISBN: 978-3-937772-32-5

Im Alter von 105 Jahren blickt Marie Olschewski auf ihr Leben zurück. 1897 geboren, umspannt ihre Lebensgeschichte das gesamte 20. Jahrhundert, ein Jahrhundert, das sie mit zwei Kriegen, drei Fluchten und dem Verlust ihrer Heimat vor besondere Aufgaben gestellt hat. Genauso bewegend ist jedoch, wie die Bäuerin und neunfache Mutter den Alltag meistert. Marie Olschewski lässt in ihrer lebhaften, detailreichen Erzählung und mit ihrer zärtlichen Sprache eine untergegangene Welt wieder aufleben - Masuren.

Arnold Munter. Ein biografisches Geschichtsbuch

Taschenbuch, 268 Seiten.
18,90 Euro. ISBN: 978-3-937772-01-1

Es gibt Biografien, gegen die ist jedes Geschichtsbuch langweilig. Arnold Munters Lebensgeschichte gehört dazu. 1912 im Berlin der Kaiserzeit geboren, erlebt er nahezu alle Ereignisse, die das „deutsche" Jahrhundert geprägt haben, hautnah mit. Dabei ist er nie nur Beobachter. Jedes der politischen Systeme, die er in seinem Leben kennen lernt, versucht er mitzugestalten - oder zu bekämpfen. Dadurch erlebt er jede Epoche ganz bewusst. Sein ungewöhnliches Erinnerungsvermögen und seine lebendigen Schilderungen machen ihn neben seinem für die deutsche Geschichte geradezu exemplarischen Leben zu einem faszinierenden Zeitzeugen.

Gundi Busch
Mein eiskaltes Leben

Hardcover, 184 Seiten, über hundert sw Fotos und originale Zeitungsartikel, 19,90 Euro. ISBN: 978-3-937772-13-4

Gundi Busch wurde 1954 die erste deutsche Eiskunstlaufweltmeisterin und damit nicht nur ein nationales Idol, sondern auch ein international gefeierter Star. Im grauen Nachkriegsdeutschland bekamen die Erfolge der „gudomliga Gundi“, der vergötterten Gundi, wie die schwedische Presse sie nannte, märchenhafte Dimensionen. „Gundi Busch wird zur Zeit mehr fotografiert, als irgendeine Filmschauspielerin. Wer könnte ihr auch widerstehen?“, fragten die Zeitungen. Noch heute, über fünfzig Jahre später, ist ihr Name den meisten Deutschen ein Begriff. Aber Gundi war nicht nur die Eiskönigin, der Publikumsliebling, der blonde Star auf Kufen, sie war auch ein achtzehnjähriges Mädchen - und: Sie hasste Schlittschuhe.

„Ich war viereinhalb, als mein Vater mich eines Sonntagsnachmittags das erste Mal in die Eishalle mitnahm. Ich sehe noch die Poren im Holz der Bande vor mir, an der ich mich ängstlich festhielt und die direkt auf Augenhöhe lag...“

Inge Krausbeck
Ausreisezeit.
Abschied von der DDR.

Taschenbuch, 170 Seiten.
14,90 Euro. ISBN: 978-3-937772-15-8

„Ich komme nicht zurück in die DDR!“ Fassungslos vernimmt Inge Krausbeck im Februar 1988 am Telefon den vollkommen unerwarteten Entschluss ihres Mannes, von einem Verwandtenbesuch in Westdeutschland nicht nach Hause zu kommen - und weiß zunächst keine Antwort auf seine Frage: „Kommt Ihr nach?“ Inge Krausbeck lebt gerne in der DDR. Als sie schließlich einen Ausreiseantrag für sich und die beiden Söhne stellt, geht es ihr in erster Linie darum, die Familie wieder zusammen zu bringen. Drei abgelehnte Ausreiseanträge, zwanzig Monate und zahllose Schikanen später sieht die Ärztin ihr Heimatland in einem ganz anderen Licht und nur noch einen Ausweg: die westdeutsche Botschaft in Prag. Es ist der Sommer 89...

Inge Krausbecks Erinnerungen, Auszüge aus ihrer Stasiakte und aus Briefen aller Familienmitglieder machen einen spannungsgeladenen „Abschied von der DDR“ lebendig.

Haben Sie nahe Angehörige, deren Erinnerungen Sie gerne in würdiger Form bewahrt wissen wollen? Oder möchten Sie Ihre eigenen Lebensgeschichte weitergeben? Ich bin Ihnen gerne dabei behilflich!